엮이면 피곤해지는 사람들

KAKAWARU TO MENDOUKUSAI HITO written by Hiroaki Enomoto.
Copyright © 2018 by Hiroaki Enomoto. All rights reserved.
Originally published in Japan by Nikkei Publishing Inc.
(renamed Nikkei Business Publications, Inc. from April 1, 2020)
This Korean translation rights arranged with Nikkei Publishing Inc.
through The English Agency (Japan) Ltd. and Danny Hong Agency.

엮이면 피곤해지는 사람들

살면서 꼭 한 번은 만난다

에노모토 히로아키 지음 | 이지수 옮김

쌤앤파커스

차례

프롤로그

지금도 당신의 신경을 곤두서게 하는 '그 사람' 이야기 ··· 008

1 ···················· "알고 보면 나쁜 사람은 아닌 것 같은데…"

만날 때마다 앓는 소리만 해서 지친다 ··· 017

주변에 잘되는 사람 있는 꼴을 못 본다 ··· 022

사소한 일에 '오바' '육바' 떨어서 일을 크게 만든다 ··· 025

직원이 알아서 하면 기분 나빠하는 상사 ··· 028

"그렇게 미안하면 애초에 부탁을 하지 말든가요" ··· 031

똥이 무서워서 피하나, 더러워서 피하지 ··· 034

기다렸다는 듯이 사사건건 반대하는 사람 ··· 037

'또 시작이네…' 사람 민망하게 만드는 지능형 안티 ··· 040

입만 살고 귀는 없는 사람 ··· 043

본인이 '피곤한 사람'인지 본인만 모른다 ··· 045

2 ·········· **오늘도 당신을 지치게 하는 '그 사람' 10가지 유형**

Type1. '초예민'형
쿠크다스 같은 '그 사람' 멘탈 지키다가
내 멘탈 먼저 부서진다 ··· 051

Type2. '자격지심'형
세상 모든 일을 '제로섬 게임'으로 바라본다 ··· 058

Type3. '부채질'형
눈치를 밥 말아 먹고, 분위기도 같이 말아 먹는다 ··· 065

Type4. '쭈그리'형
쓸데없이 '죄송합니다'를 입에 달고 산다 ··· 074

Type5. '내로남불'형
다른 사람 말은 듣지도 않고 자기 말만 맞다고 떠든다 ··· 081

Type6. '절차 집착'형
모든 일에 유도리를 찾아볼 수가 없다 ··· 088

Type7. '어리광쟁이'형
사람들의 관심이 나를 감싸지 않으면
아무것도 할 수 없다 ··· 095

Type8. '겸손 진상'형
듣고 싶은 말은 정해져 있고 못 들으면 서운해 죽는다 ··· 101

Type9. '구구절절'형
"그래서 뭔 말이 하고 싶은 거야?" 소리가 절로 나온다 ··· 105

Type10. '라떼 빌런'형
과거 이야기 안 꺼내고는 대화가 안 된다 ··· 109

도대체 왜 그러는 걸까? 그들이 알고 싶다

밑도 끝도 없이 화부터 내는 사람, 왜 그러는 걸까? · · · 115

마음속 '모니터 카메라'가 고장 났다 · · · 122

"그걸 꼭 말로 해야 알아?"라는 마음 · · · 125

필요 이상으로 상대방의 눈치를 본다 · · · 130

나보다 잘된 사람은 전부 '운이 좋아서'라고 생각한다 · · · 135

흘러넘치는 자기애, 근거 없는 자신감 · · · 146

엮이면 피곤해지는 사람 vs. 엮이면 피곤해지는 사람 · · · 154

남에게 관심 없는 사람? 의외로 엮이면 피곤하다 · · · 166

'논리적인 척'하지만 세상 기분파 · · · 169

남이 보는 나와 내가 보는 내가 다르다 · · · 178

언제 터질지 모르는 열등감을 시한폭탄처럼 안고 산다 · · · 184

'당연히 그렇게 해야지'라는 생각이 박혀 있는 머릿속 · · · 189

어차피 사람은 안 변한다!
바꾸지 않고 내 속 편안해지는 법

'그 사람'의 꼬인 성격은 바뀔 수 있을까? · · · 195

남들에게는 민폐지만, 본인에게는 무기 · · · 198

사람은 쉽게 변하지 않는다 · · · 200

나의 상식이 '그 사람'에겐 비상식일 수 있다 · · · 203

바뀌지 않는 '그 사람', 어디까지 이해해줘야 하지? · · · 206

어디까지나 내가 편하기 위해서다 ··· 210

사람은 누구나 내 모습 그대로의 나를 받아주길 원한다 ··· 214

내 인생 지키는 유일한 방법은? ··· 218

'엮이면 피곤해지는 사람'이 되지 않으려면

어쩌면 나도…? ··· 225

선배가 좋아하는 후배, 후배가 한심하게 여기는 선배 ··· 228

어쩔 수 없이 그래야만 할 때도 있는 것이다 ··· 230

내가 엮이기 싫은 사람은 어떤 타입? ··· 235

자기 모니터링 성향을 확인하는 방법 ··· 238

쉽게 짜증 내는 사람의 마음속엔 '이 문장'이 있다 ··· 242

나를 나로서 받아들일 수 있다면… ··· 245

'엮이면 피곤해지는 사람'이 되어야 할 때 ··· 249

에필로그

나를 피곤하게 하는 사람은 하루아침에 사라지지 않는다 ··· 255

지금도 당신의 신경을 곤두서게 하는
'그 사람' 이야기

'아, 진짜 사람 피곤하게 하네….'

속으로 이렇게 외치고 싶은 사람이 있습니다. 그 사람하고 엮이면 왠지 모르게 지치고 피곤하고 성가신 일이 생기죠.

이런 부류의 사람들은 대체로 몇 가지 비슷한 성향을 보입니다.

· 쓸데없이 세세한 부분에 집착한다.
· 만날 때마다 푸념을 늘어놓는다.

- 별일 아닌 일에 금세 풀이 죽는다.
- 무조건 '아니'라고 하거나 남의 말에 부정적이다.
- 자신에게 주목하지 않거나 치켜세워주지 않으면 불편한 심기를 드러낸다.
- 술에 취하면 치댄다.
- 말 한마디로 분위기를 싸하게 만든다.

이 외에도 많습니다.

이런 사람과 엮이면 이러지도 저러지도 못한 채 스트레스가 쌓입니다. 진심으로 "적당히 좀 해라."라고 충고하고 싶죠.

타입은 다양하지만 어떤 직장이든 성가시고 피곤한 사람은 꼭 있습니다. 우리는 이런 경우를 두고 '돌+I 질량 보존의 법칙'이라는 말을 쓰기도 하죠. 그런 사람을 상대하다 보면 마음의 에너지를 빼앗기고 업무에 지장을 초래하는 경우도 생깁니다. 하지만 업무상 또 아예 피해 다닐 수 없으니 정말 돌아버릴 일입니다.

엮이면 피곤해지는 사람은 직장뿐 아니라 일상생활에서도 어디에나 존재하죠. 특히, 같이 어울리는 친구 중에 그런 사람이 있으면 매우 성가시고 골치가 아픕니다. 직장에서 받은 스트레스를 좀 풀어보려고 나간 친구들 모임에서, 그 사람의 눈치를 보느라 좌불안석 하거나, 그 사람으로 인해 기분만 잔뜩 상해 오히려 스트레스를 더 받는 경우가 생기기도 합니다. 아마 한 번씩들 경험해보셨을 거라 생각해요.

학부모들끼리 커피 한 잔 마시면서 담소를 나누는 자리에서도 서로 눈치를 보며 신경전을 벌이는 긴장된 분위기가 조성되기도 합니다. 다 그렇진 않지만, 이런 상황들은 대부분 어떤 한 명 때문에 불거집니다. 학부모 중에 성가시고 피곤한 사람이 있는 것이죠.

이처럼 어디에든 존재하는 엮이면 피곤해지는 '그 사람'. 더 이상 우리의 일상을 그 사람 때문에 망칠 수 없습니다. 그렇다고 완전히 피할 수도 없죠. 그렇다면, 어떻게든 그 사람과 원만하게 지낼 수 있는 기술을 익히는 편이 내 마음 편해지는 지름길일 것입니다. 에너지도 빼앗기지 않고요.

그러려면 우리 주변에 있는 엮이면 피곤해지는 사람들의 행동 패턴과 그 이면에 숨겨진 심리를 잘 알아보는 것이 가장 먼저 할 일이겠죠. 그들의 일정한 행동 패턴을 알면, 그들의 반응을 예측할 수 있고 적당히 둘러대고 넘기면서 깊게 엮이지 않을 수 있습니다.

또 그들의 심리를 알면 이상한 방향으로 그들을 자극하지 않을 수도 있습니다. 그들의 비위를 맞추려는 것이 아닙니다. 우리의 기분을 지키기 위해서입니다. 때로는 '그래, 저렇게 생겨 먹은 거니 어쩔 수 없지 뭐.'라며 넓은 마음으로 봐줄 수도 있겠죠. 덕분에 성가시고 짜증스러운 마음 또한 가라앉힐 수 있습니다.

웃기면서도 슬픈 사실은, 당하는 사람은 질릴 대로 질린 상태인데 정작 본인은 본인이 얼마나 피곤한 사람인지 꿈에도 모른다는 것입니다. 기분이 상하고, 일이 꼬이고, 피해를 보는 것은 주변 사람들일 뿐입니다. 잘 생각해보면 이런 상황은 당황스럽고 혼란스러운 일이 아닌가요?

이 사실은 우리를 '흠칫'하게 합니다. '주변을 피곤하게 하는 사람은, 정작 자신이 그런 가해자인 줄 모른다.'라…? 어쩌면 우리 자신도 모르는 사이, 주변 사람에게 '엮이면 피곤해지는 사람'으로 분류되어 있을지도 모르는 일이니까요.

사실 저 역시 어떤 사람에게는 '엮이면 피곤해지는 사람' 일 수 있습니다. 심리학을 전공하고 그와 관련된 일을 하다 보면 단순히 주변 사람을 관찰하는 것만이 아니라, 사람들의 반응을 참고하면서 나 자신을 되돌아보는 경우가 많습니다. 그래서 '자기인지'를 잘하는 편이긴 하지만, 이런 사람이 또 주변에 있다고 생각해보면… 글쎄요. 저를 곁에 두고 잘 지내고 있는 주변 사람들에게 갑자기 감사한 마음이 드네요.

그런데 여기서 한 가지 짚고 넘어가야 할 점이 있습니

다. 과연 성가시지 않고 피곤하지 않은 사람이 되는 것이 좋은 것일까요? 있는 듯 없는 듯 무색투명한 존재가 좋은 것일까요? 남을 귀찮게 하지 않지만 어쩐지 좀 무미건조한 느낌이 들진 않나요? 사람은 적당히 자신만의 색깔과 고집이 있어야 하지 않을까요? 단, 어떤 부분에서 어떻게 고집을 부리느냐가 문제일 것입니다.

우리는 이 책에서 우리 주변에 꼭 한 명씩은 존재하는 '엮이면 피곤해지는 사람들'에 대해 살펴보려고 합니다. 그 사람들의 특징을 이야기하면서 공감하는 시간도 가져보고, 또 그들이 가지고 있는 심리에 대해서도 알아보려고 합니다. 가지각색의 '그 사람'들을 10가지 타입으로 나눠 보기도 했습니다. 또 최대한 내 기분과 마음이 상하지 않을 수 있도록 그런 사람을 상대하는 방법과 나 자신이 그런 사람이 되지 않으려면 어떻게 해야 할지까지 살펴보겠습니다.

에노모토 히로아키

1

"알고 보면 나쁜 사람은
아닌 것 같은데…"

만날 때마다
앓는 소리만 해서 지친다

만날 때마다 신세 한탄을 늘어놓는 사람이 있습니다. 누구나 안 좋은 일이 있을 땐 하소연하고 싶죠. 하소연을 들은 사람은 위로하고 격려해주게 됩니다. 하지만 만날 때마다 신세 한탄을 늘어놔서 허구한 날 위로를 해줘야 한다면? 좋은 소리도 하루 이틀이지 누구라도 질릴 것입니다.

살다 보면 좋을 날도 있고 나쁜 날도 있는 법. 그런데 그 사람은 나쁜 날에 대한 이야기만 합니다. 보상받는 일도 있을 텐데 손해 본 것만 이야기합니다. 일이 잘 풀릴 때도 있을 텐데, 안 된 일만 이야기합니다. 듣다 보면 정말 나조차 염세주의자가 될 것만 같아지죠.

　이런 사람과 대화를 나누는 상황을 돌이켜보면, 항상 필사적으로 위로하는 우리의 모습이 떠오릅니다. 아래 대화를 잠깐 볼까요.

A: 너는 좋겠다. 성과가 잘 나와서. 나는 이게 뭐냐. 망했다. 진짜.

B: 이번엔 어쩌다 보니까 운이 좋았던 거야. 다음 분기는 어떻게 될지 나도 몰라.

A: 나는 말을 못해서 영업이랑 안 맞는 것 같아.

B: 에이, 그렇지 않아.

A: 아니야. 나는 수다를 떠는 게 서툴러서 거래처 담당자랑 미팅을 하면 말이 잘 안 나와. 대화가 잘 이어지지도 않고….

B: 그건 큰 단점이 전혀 아닌데? 가벼워 보이지 않고 오히려 성실해 보일 수 있거든. 그리고 상대방이 말주변이 너무 좋아도 경계하게 돼.

이 대화에서 B는 계속해서 격려하고 있습니다. 만날 때마다 이런 식인 겁니다. 그 사람은 본인이 얼마나 무능력한지를 하소연하고 상대방은 "그렇지 않아."라고 위로합니다. 또 열심히 성과를 냈는데 상사가 정당하게 평가해주지 않는다며 본인의 노력을 인정받지 못하는 불행한 상황을 한탄하기도 합니다. 그러면 "언젠가 네 노력이 보상받을 날이 꼭 올 거야!"라고 위로해줘야 합니다.

이런 사람은 직장에만 있는 것이 아닙니다. 휴일 오후에 학부모들과 커피 한 잔을 마시며 수다를 떠는 상황. 여기에도 항상 위로해줘야 하는 사람이 있습니다.

학부모1: 우리 애가 이번 시험을 아주 말아 먹었어요. 반 타작을 해왔지 뭐예요. 정말 너무 속상해요.

학부모2: 그럴 때도 있죠.

학부모1: 열심히 공부해야 한다고 그렇게 잔소리를 해도 들은 척도 안 해요. 커서 뭐가 될지 너무 걱정이에요.

학부모2: 곧 열심히 하게 될 거예요. 아직 어리잖아요. 오히려 어렸을 때 열심히 뛰어놀던 애들이 고학년 되면서 마음 잡고 공부하는 경우가 많잖아요.

학부모1: 그래요? 커서 열심히 공부할까요? 도저히 상상이 안 되는데….

학부모2: 아니, 엄마가 그런 말을 하면 어떡해요? 자식을 믿어줘야죠.

학부모1: 그렇긴 한데, 전혀 상상이 안 돼서요.

학부모2: 아이들은 부모의 기대를 꽤 의식한다고 하더라고요. 그러니까 믿고 기다려주면서 긍정적인 말로 응원을 해주세요.

학부모1: 그래요? 그럼 믿고 기다려야겠네요.

정말 왜 이러는 걸까요? 정작 자기 자식이 더 나쁜 성적을 받아와 속상해 죽겠는데, 상대방이 더 앓는 소리를 하니 자기 속내 감추랴, 위로해주랴 속에서 천불이 났다고 하는 사람도 있습니다. 상대방은 본인의 자녀에 대해서만 하소연할 뿐, 위로해주는 사람의 자녀는 안중에도 없나 봅니다.

재밌는 것은 앞선 대화의 B나 학부모2 같은 사람들은 '그 사람'을 만나 대화를 하고 나면, 기가 빨리고 피곤하다고 털어놓으면서도, 항상 "그렇다고 그 사람이 나쁜 사람이거나 악의가 있는 건 아니지만…."이라는 말을 덧붙인다는 사실입니다.

본인에게 끝없이 위로의 말만 원하는 그 사람을 왠지 뒷담화하는 것 같아 마음이 쓰이는 거죠. 사람들과의 대화에서 자신의 자존감만 찾으려는 '그 사람'들의 그물에 걸린 셈입니다.

주변에 잘되는 사람 있는
꼴을 못 본다

속이 꼬인 사람은 상대하기 피곤합니다. 직장에서 좋은 성과를 낸 동료가 있으면 가벼운 축하의 말을 건네는 것이 대부분입니다. 하지만 '그 사람'은 다릅니다. 무슨 심사가 뒤틀린 건지 혼자만 "글쎄? 운이 좋았네."라며 찬물을 끼얹습니다.

주변 사람에게 유능하다고 인정을 받은 사람이 승진을 해도 혼자만 "부장님이 평소에 예뻐하시더니, 역시." 이런 소리를 해대며 실력과 무관한 승진인 것처럼 불쾌한 트집을 잡습니다.

'정말 실력을 인정할 수밖에 없는 상황에서는 그 사람도 어쩔 수 없겠지.'라고 생각하신다면 오산입니다.

"뭐 일은 잘하는지 몰라도, 인성이 영 아니더라. 주변 사람들하고 문제가 많다던데?"

"희한하게 또 그런 건 잘한단 말이야. 덜렁대서 다른 건 못하는데."

이런 말을 잘도 꾸며서 비꼬고 실력을 무시하거나 비하합니다. 하여간 어떻게 해서든 "잘한다.", "축하한다."는 인정의 말을 절대 안 하는 거죠.

다른 사람이 성과를 인정받아서 상사에게 칭찬받으면,

"회사 오래 다니고 볼일이다. 너한테도 이런 일이 다 생기다니!"

이런 식으로 듣는 사람 기분 잡치는 말만 골라서 내뱉습니다.

이런 사람들은 주변에 잘 되는 사람이 있는 꼴을 못봅니다. 매사에 이런 식으로 찬물을 끼얹고 트집을 잡든가, 그게 안 되면 당사자의 기분이라도 망쳐놓아야 직성이 풀리는 모양입니다.

이런 사람들은 타인의 성공을 기쁘게 받아들이거나 타인의 능력을 인정하지 못합니다. 마치 그걸 인정하는 것이 본인의 무능력함을 동시에 인정하는 것처럼 받아들이는 것이죠. 그래서 반사적으로 트집을 잡거나 불쾌한 말을 해서 그 사람의 능력을 부인해야 본인의 마음이 편한 것입니다.

이런 사람들이 있으면 축하할 일이 있거나 함께 기뻐해야 할 일이 있을 때 삽시간에 분위기가 엉망이 됩니다. 우습게도, 이들은 누군가를 향해 이런 막말을 잘도 뱉어내면서 만일 본인이 표적이 되어 누군가가 기분 나쁜 말을 하면 아주 심하게 불쾌해하며 화를 냅니다.

그래서 우리는 '그 사람' 앞에서는 되도록 잘된 이야기나, 성공한 이야기를 입 밖에 내지 않게 됩니다. 하던 일이 잘 풀렸을 때도 되도록 언급하지 않게 되죠.

아마, 그 사람 본인은 그런 자신의 습성을 전혀 자각하지 못하겠지만 그런 본인 때문에 주변 사람들은 오지게 신경을 쓰고 있을 것입니다.

아니, 그보다 질릴 대로 질려 있을 것입니다.

사소한 일에 '오바' '육바' 떨어서
일을 크게 만든다

이번에 이야기해볼 '그 사람'도 우리 주변 곳곳에 도사리고 있습니다.

정말 말 그대로 매사 '오바'가 특기인 사람이죠. 아주 사소하고 별것 아닌 일인데도 묘하게 부풀리고 심각하게 만들어 말하는 사람입니다.

이런 사람을 상대하다 보면 일이 꼬입니다. 평소 업무를 보다가 '이렇게 하는 편이 더 효율적이겠다.'는 생각이 들어 정해진 순서를 약간 수정했다고 칩시다. 이때 어디선가 도사리고 있던 '그 사람'이 나타나 '스톱'을 외칩니다.

"일을 그런 식으로 멋대로 바꾸는 건 곤란합니다. 일에는 절차라는 게 있어요."

뭐 대단한 걸 바꾼 것 같지만, 실제로는 업무에 어떤 지장도 생기지 않는 일인데도 이렇게 말합니다.

"조금 순서를 바꿨을 뿐이지 최종적으로 다르지 않습니다. 이렇게 하는 편이 일을 좀 더 원활하게 진행할 수 있어요."

"부서 방침을 바꾸시려면 회의를 거쳐서 신중하게 검토해야 합니다."

다시 한번 설명을 해도 뭘 자꾸 심각하고 거창한 것처럼 몰아갑니다.

"부서 방침을 바꾸다니요? 그런 거창한 이야기가 아닙니다. 서류 작성 순서를 효율적으로 바꾸려는 것뿐이니 실무자들이 더 나은 쪽으로 알아서 판단하고 사용하면…."

아무리 정중하게 설명해도 대쪽같다. 기준과 절차를 엄수하는 것은 중요하지만, 이게 그럴 일이냔 말이다! 정말 이해할 수 없고 답답해서 설득을 하려고 해도 엉뚱한 설교조로 나옵니다.

"그렇게 안이하게 생각하시면 곤란해요. 여긴 회사잖아요."

어떤 설명도 통하지 않죠.

일을 방해하려거나 악의가 있는 것은 아닌데(아니 이쯤 되면 악의가 있는 게 아닌가? 없다는 게 더 이상할 정도다.) 무슨 일이든 심각하게 인식하고 확대해 결국 주변 사람을 피곤하게 만듭니다. 고구마를 100개 먹은 듯한 느낌이 무엇인지 바로 이럴 때 체감할 수 있습니다.

직원이 알아서 하면
기분 나빠하는 상사

이번 경우도 앞의 경우들 못지 않게 피곤한 사람입니다. 바로 '피해 의식'이 강해서 대하기 까다로운 사람이죠.

다음과 같은 상황을 한번 같이 보겠습니다.

평소처럼 서류를 작성하고 있었습니다. 중간에 검토를 받고 피드백을 반영해서 나머지를 진행하려는데 상사가 무척 바빠 보이는 겁니다. 그래서 일단 혼자서 서류를 완성해 가져가보기로 한 거죠. 매번 반복하는 일이기도 하고, 이 정도면 오히려 스스로 했을 때 상사가 더 신뢰를 줄 것 같기도 했습니다.

"팀장님, 일단 제가 작성해봤습니다. 한번 봐주세요."

"뭐? 그걸 혼자서 다 했다고?"

상사가 바쁠 때 혼자서 일을 빠릿하게 처리했으니, 잘하고 못하고를 떠나 왠지 칭찬받을 거라고 생각했던 기대는 혼자만의 착각이었습니다. 상사의 미간이 격정적으로 찌그러지는 걸 보면 알 수 있죠.

"흠⋯. 이제 뭐 다 알아서 하고, 내 도움이 필요 없었나 보지?"

아뿔사. 등에 식은땀이 흐릅니다.

"아니요. 그게 아니라요, 팀장님. 오늘 여러 개 미팅으로 바쁘신 것 같아, 급한 건이니 일단 제가 먼저 작성하고 나서 검토를 받으려고 했습니다. 죄송합니다."

이렇게 내 딴에는 최선을 다하려고 했던 행동임을 어필하려고 해도 이미 틀렸습니다.

"그래? 이젠 혼자 그런 결정도 다하고. 능력이 참 탁월해서."

상대방이 바빠 보여 부담을 주지 않으려고 일부러 배려한 것인데, 오히려 일이 꼬였습니다. 중간 검토가 없으면 큰일나는 중대한 서류도 아니고, 이제 이 정도는 알아서 작성해도 될 법한 일인데도 상사는 자신 없이도 잘 해낸 직원을 고깝게 봅니다. '나 없이도 잘 하는 구나!'가 아니라 '나 없이 해보겠나?' 이런 식입니다.

이런 상사를 모시고 있는 부하직원은 정말 하루하루가 고역입니다. 기분은 그렇다치고 기량을 펼쳐볼 기회 자체를 묵살당할 가능성도 있기에, 이직을 고려하지 않을 수가 없겠네요.

"그렇게 미안하면
애초에 부탁을 하지 말든가요"

이미 결론이 다 난 일을 다시 따져 묻는 사람도 피곤합니다. 겨우 이야기가 잘 마무리 되어가는데, 이 한마디로 재를 뿌립니다.

"근데 이대로 괜찮을까?"

다양한 논의를 거쳐 겨우 결론을 내리려는데 다시 원점으로 돌아갈 수는 없습니다.

"응, 괜찮아. 충분히 검토했어."

걱정하지 말라고 이야기를 해도, 걱정스러운 부분을 조목조목 늘어놓기 시작합니다. '아니, 이미 검토가 끝난 일이라고! 말을 할 거면 진즉에 하든지.'라는 말이 목구멍까지 차오릅니다.

"물론 염려되는 부분도 있지만 일이 잘 진행되었을 때의 장점이 더 많고 만일의 경우에도 대처할 수 있으니 너무 신경 쓰지 말자."

일을 원점으로 돌릴 수 없어 차근차근 이렇게 설명을 해도 계속 뭔가 불안한 표정으로 모두를 흔들리게 합니다. 이런 사람이 있으면 회사에서의 회의든, 친구들끼리의 논의든 모두가 지치게 됩니다. 누군가 한 사람이 총대를 메고 중심을 지키거나, 한마디 하지 않으면 다시 처음으로 돌아가 모든 걸 다시 이야기해야 하는 상황은 흔히 일어납니다.

그런가 하면 부탁을 해놓고 들어준다고 하면 계속해서 되묻는 사람도 있습니다. 아마 다들 겪어 보셨을 거예요.

"정말 미안한데, 1~2시간만 더 남아서 이 일을 같이 해 줄 수 있을까요?"

"알겠어요. 그럴게요."

크게 어려운 일도 아니라서 흔쾌히 그러겠다고 해도 "정말요? 정말 괜찮아요? 혹시 부담이 될까 봐 미안해서…."

괜찮으니 괜찮다고 한 거라고 안심을 시킨 뒤 일을 시작하려고 하면 계속 "어떡해. 나 때문에 집에도 못 가고. 정말 괜찮아요?" 하고 묻는 거죠.

이제 더이상 질질 끌지 말고 이야기를 마무리 지었으면 하는데 배려한답시고 이런저런 말을 늘어놓습니다. 그래, 그 마음이야 충분히 알겠지만 그런 말을 늘어놓을 시간에 일을 빨리 시작했으면 될 일입니다. "그렇게 미안하면 처음부터 부탁을 하시지 말든가요."라고 말하고 싶어집니다.

그런데 잠깐, 그렇다고 해서 정말 저렇게 말하면 끝이 좋지 않습니다. 이런 타입들은 은근히 뒤끝이 있는 경우가 많아서, 만일 저렇게 말을 했다가는 "그래요? 알겠어요. 못 들은 걸로 해요. 집에 들어가세요."라고 말한 뒤 불편한 심기를 드러냅니다. 더 악질의 경우, 뒤로 나쁜 소문을 퍼뜨리기도 합니다. 조금도 야근하지 않으려는 사람, 동료를 돕지 않는 사람 등으로 뒷말을 만드는 거죠.

그렇다 보니, 괜찮으니까 신경 쓰지 말라고 계속해서 말할 수밖에 없습니다. 일의 진전은 느리고 짜증만 밀려올 뿐이죠. 쓸데없는 의식을 치르고 있는 것 마냥 피곤합니다.

똥이 무서워서 피하나,
더러워서 피하지

일단 반대하고 보거나, 논쟁을 벌이기 좋아하는 사람도 상대하기 참 귀찮습니다. 이런 사람은 누군가 회의에서 의견을 제시하거나 제안을 내놓으면 기다렸다는 듯이 약점을 파고들어 질문을 퍼붓습니다.

예를 들어 어떤 제안이 나오면,

"글쎄요. 그건 리스크가 좀 크지 않나요? 일단 큰 결함이 있는데요. 그건….."

자신만만하게 본인의 의견을 제시하고 제안한 사람이 어떻게 나올지 의기양양하게 바라봅니다. 이 상황 자체를 즐기고 있는 거죠. 도전적이면서 공격적인 자세를 드러내는 것에서 뭔가 자신의 유능함을 증명한 것처럼 굽니다.

그런데 이런 사람의 이야기를 자세히 들어보면, 사실 그 반박의 내용에 알맹이가 없는 경우가 많습니다. 일단 리스크라는 것은 어떤 일에서나 발생하는 당연한 이야기입니다. 또 큰 결함이라고 말한 부분 역시 대세에 별 영향을 주지 않는 사소한 부분입니다. 또는 확인되지 않은 본인의 추측을 가지고 대단한 것처럼 포장해서, 말 그대로 그냥 그 의견을 '까는' 것이죠.

그럼에도 이들이 너무나도 당당하게 의견을 말하니 그런 분위기에 휩쓸려, 그 사람의 의견을 진심으로 받아들이는 사람이 있다는 것이 더 성가신 노릇입니다.

이와 반대로 만일 본인이 비난의 표적이 되었을 때는 정색을 하면서 따집니다. '왜 또 저래? 적당히 좀 해라.', '항상 왜 저런 식으로 싸우려고만 하지?' 하는 생각에 넌덜머리가 날 정도입니다. 결국 처음에는 방어만 하던 상대방도 공격적인 태도로 그 사람의 의견에 맞설 수밖에 없고 결국 서로 싸우다가 회의가 끝나버립니다.

다른 사람의 의견이나 제안이 통과됐다고 해서 그게 본인의 결점이 되는 것도 아닌데 왜 일일이 맞서 싸우려고 하는지 도무지 이해할 수 없습니다. 이것은 아마도 앞서 다른 사람의 잘한 일을 인정하려들지 않는 속성과 그 맥락이 비슷할 수도 있습니다.

그러면서 또 본인 의견에 대한 아주 작은 질문이나 단순한 의문에도 파르르 떨며 흥분하거나 불쾌해합니다. 이러니 그 사람이 제시한 의견과 제안에 의문점이 있어서 그 부분을 단순히 '물어보기'라도 하는 날에는 어떻게 될까요? 어휴. 상상하기도 싫지만, 아마도 싸움닭으로 돌변해서 거세게 반론을 퍼부을 것이 뻔합니다. 하지만 살다 보면 지적하기 싫어도 어쩔 수 없이 해야 할 때도 있기 마련이니 피곤한 일이라는 거죠.

매사에 이런 식으로, 마치 기다렸다는 듯이 전투태세로 나오니 누군들 이런 사람이랑 엮이고 싶어할까요? '똥이 무서워서 피하나, 더러워서 피하지.'라는 말이 절로 나오는 상황일 겁니다.

기다렸다는 듯이
사사건건 반대하는 사람

만날 때마다 다른 사람의 언행을 비난하거나 무작정 남 흉보기를 좋아하는 사람이 있습니다.

"글쎄, A씨가 나한테 이렇게 말하는 거 있지? 좀 이상하지 않아?"

상사나 동료의 언행을 다른 곳에 가서 풀어놓고 비난하는 거죠. 물론 듣는 사람들 입장에서는 '듣고 보니 좀 이상하긴 하네.'라고 수긍가는 부분이 있을 수도 있습니다. 하지만 대부분은 '뭘 저렇게까지. 아무래도 상관없는데?'라는 생각이 드는 쪽이 훨씬 더 많을 것입니다. 사실 나와 상관

없는 일에 일일이 반응하고 맞장구치는 일은 피곤합니다.

이런 사람들은 다른 사람의 언행뿐만 아니라 사내 제도, 규칙 등 사소한 부분까지 불만이 많습니다. 다른 사람들이 그러려니 하는 부분도 뭔가 마음에 들지 않는다고 이러니저러니 설명하고 다닙니다.

"아니, 회사에서 이런 식으로 나오는 건 좀 이상하지 않아요?"

아무래도 상관없고 별일 아닌 것 같은데 그 사람이 왜 그렇게 생각하는지 다 듣고 있으려니 정말 피곤합니다. 적당히 맞장구치면서 듣고 흘리지만, '쓸데없이 사소한 것에 집착하는 당신이 더 이상하다.'는 생각이 들 뿐입니다.

지인들 모임에서도 이런 사람이 있으면, 이야기를 하다가 급격히 피로감이 몰려옵니다.

"A가 입고 온 옷 봤어? 좀 이상하지 않아?"

"그거 알아? B 말이야. 유치원 다니는 애가 있다는데, 필라테스 배우러 다닌다며? 팔자도 좋아. 그럼 대체 애는 누가 데리러 가?"

"얼마 전에 일이 있어서 신라호텔에 갔었는데, 거기 레스

토랑에서 C가 가족들이랑 밥을 먹고 있더라고. 그런 호텔에서 가족들이 다 같이 밥도 먹고, 걔네 집 꽤 잘 사나 봐?"

이런 식으로 남 일에 관해 하나부터 열까지 비꼬는 듯 이야기합니다. 남 사는 것에 참 관심도 많습니다. 하지만 이런 얘기들은 듣고 있자면, 정말 하등 쓸데가 없을뿐더러 거북해지기 마련입니다.

'내가 없는 데선 또 나에 대해 뭐라고 쓸데없이 떠들려나.'

이런 걱정이 들기도 합니다.

'또 시작이네…'
사람 민망하게 만드는 지능형 안티

정중하고 예의가 바르지만 도가 지나쳐 가까이 다가가기 어려운 사람이 있습니다.

서로 처음 만났을 때는 좀 어색하지만, 여러 번 만나다 보면 말을 놓고 편하게 대화를 나누게 되는 것이 흔한 과정입니다.

그런데 이런 사람은 시간이 지나도 어색합니다. 겸손하다 못해 본인을 낮추고 상대방을 높이기까지 해서 뭔가 불편합니다. 이런 경우가 있습니다. 서로 입사 동기라서 대등한 관계인데도 둘 중 한 사람이 정중하게 본인을 낮추는 거죠. 정중하게 대해주니 뭐라고 할 순 없지만, 다른 사람을 대할 때와 달리 살짝 불편하고 어렵다는 느낌이 듭니다.

상대 동료가 업무적으로 뭔가 잘 해내기라도 하면,

"역시 대단하네요. 영업팀의 1인자!"

이렇게 민망한 말로 구름을 태워줍니다. 주변에 선배들도 많은데 몸둘 바를 모르게 만들죠. 물론 칭찬을 받으면 누구나 기분이 좋습니다. 하지만 항상 본인의 실적이 더 좋은데 그렇게 말한다면…. 이게 지금 칭찬인 건지 뭔지 사실상 헷갈립니다.

"무슨 말이에요. 저보다 훨씬 더 실적이 좋으면서."

"그런 말씀 마세요. 저는 아직 능력이 부족해서 항상 더 배워야지 하면서 마음을 다잡는답니다. 정말 너무 잘하시는 거 같아요. 부러워요."

이렇게 끝까지 본인을 낮춥니다. 겸손에도 적당함이 필요한 것이죠. 칭찬과 훈훈한 말이 오고가는데도 불구하고 애매한 분위기가 형성됩니다.

이런 사람들은 질문도 평범하지 않게 합니다.

"저 ○○씨에게 배우고 싶은 게 있어요."

그냥 물어보면 될 것을, 꼭 이렇게 대등한 관계에서 사용하지 않는 부적합한 단어를 써서 곤란하게 만듭니다.

"에이, 배우다뇨. 제가 뭘 가르치는 사람도 아닌데…. 아는 것이면 알려드릴게요."

"아닙니다. 저랑 다르게 ○○씨는 똑똑하시잖아요."

좋은 말을 들으면서도 속으로는 '또 왜 이래….' 싶어집니다.

이렇게 겸손이 도가 지나치면 상대방을 불쾌하게 할 수 있다는 것을 이 사람들은 잘 모릅니다. 본인은 공격할 마음도 트집을 잡을 생각도 없지만, 상대방이 신경을 쓰게 되고 편하게 이야기할 수 없으니 같이 있으면 불편해져버리는 것이죠. 그래서 결국은? 이런 사람은 자연스럽게 피하거나 멀리하게 됩니다.

입만 살고
귀는 없는 사람

이건 동서고금을 막론하고 공감할 이야기입니다. 남의 의견을 듣지 않으려는 사람을 상대하는 건… 누구나가 피곤한 일이니까요.

서로 의견이 맞지 않으면 어떡해서든 본인의 뜻을 밀어붙여야 직성이 풀리는 사람들이 있습니다. '사람마다 생각하는 건 다 다르니까.'로 넘어가지는 법이 없습니다. 결국 자신의 의견을 관철시켜야 하다보니 점점 더 극단적인 말을 내뱉거나 분위기를 험악하게 만들기도 합니다.

주변 사람들이 '왜 저렇게 극단적이지?', '이게 우긴다고 될 일인가?'라고 생각하든 말든, 오히려 그럴수록 자신이 맞다는 것을 피력하기 위해 더 강하고 무자비하게 밀어부칩니다. 필요하다고 생각하면 상대방을 비난하는 말도 서슴치 않습니다.

사실, 애초에 남의 의견을 들으려는 귀가 없는 거죠. 본인만 옳다고 굳게 믿고 한 발짝도 양보하지 않습니다. 본인의 의견만 강하게 주장하는 것입니다.

사람은 누구나 본인의 사고방식이 옳다고 믿고 의견을 제시하기 마련입니다. 본인의 의견이 틀렸다며 논의하는 사람은 없죠. 이렇게 사람마다 의견이 다르기에 서로 의견을 조정하면서 맞춰나가야 비로소 일이 진행될 수 있습니다. 그런데 이런 사람이 같은 집단에 있다 보면, 늘 삐걱거리고 분위기가 자주 고압적으로 바뀝니다. 어떤 사람들은 아예 말조차 꺼내기 싫어 "너 맘대로 해라."가 되어 버리니, 조직 자체가 독단적으로 흘러가기도 합니다.

본인이 '피곤한 사람'인지
본인만 모른다

우리가 살아가면서 이런 타입의 사람을 절대 만나지 않는다는 보장이 있을까요? 사회생활을 하든, 사적인 대인관계를 맺어나가든 만나면 반드시 나를 피곤하고 불편하게 만드는 사람이 있습니다.

그렇다면 이런 타입과 엮이면 왜 피곤한 것일까요? 이유는 간단합니다. 주변 사람들은 질릴 대로 질려서 피곤한데, 정작 본인은 그 사실을 모른다는 거죠. 애초에 본인이 남들에게 '엮이면 피곤해지는 존재'라는 걸 전혀 자각하지 못합니다. 분명 누군가 그들에게 주변을 불편하게 하는

'그 부분'에 대해 한 번쯤은 이야기해주었을 것입니다. 하지만 그게 왜 남들을 불편하게 하는지 모르는 거죠. 그러니까 더 성가시고 피곤한 것입니다.

특히 이런 사람들은 막상 사귀어보면 성격이 나쁜 것도 아니고 악의가 있는 말을 하는 것도 아닙니다. 딱히 큰 피해를 주지도 않습니다. 그런데 같이 있으면 견디기 힘들고, 신경이 거슬리고, 피곤해집니다. 맞습니다. 되려 악의가 없고 눈치가 없기 때문에 우리가 더 피곤해지는 것입니다. 차라리 대놓고 못됐거나 '싸가지가 없기'라도 하면 미워하든 연을 끊든 할 텐데 그게 참 애매한 겁니다.

이런 사람을 상대하려면 매우 골치가 아프죠. 성가시고 피곤한 타입이라서 어쩔 수 없이 거리를 둘 수밖에 없습니다. 일상생활 속에서 엮일 수밖에 없다면 최소한의 관계만 유지하게 됩니다.

여기서 잠깐, 혹시 이 글을 읽고 갑자기 불안해지시나요?

"아니? 난 전혀 그럴 리가 없어!"라고 자신있게 말하는 사람보다는 가능성이 적지만, 그럴 가능성을 완전히 배제할 순 없습니다. (오히려 자신있게 그럴 리 없다고 생각하는 사람이야말로 본인만 자각 못 하는 '엮이면 피곤해지는 그 사람'일 수 도.) 어쩌면 당신도 주변 사람들에게 엮이면 피곤해지는 사람일 수 있습니다.

2

오늘도 당신을 지치게 하는
'그 사람' 10가지 유형

쿠크다스 같은 '그 사람' 멘탈 지키다가
내 멘탈 먼저 부서진다

대수롭지 않은 일에 크게 반응하는 사람이 있습니다.

'별거 아닌 일에 왜 저렇게 난리를 피우지?'

어이없어 보이지만 당사자에게는 '별거 아닌 일'로 치부할 만큼 사소한 일이 아닙니다. 진심으로 큰일이어서 저러는 겁니다. 왜냐하면… 그들의 감수성이 남다르기 때문입니다.

거래처 담당자와 미팅을 마치고 돌아와서는 풀이 죽어 있길래 말을 걸어보면 거래처 담당자의 냉랭한 태도가 신경이 쓰인다며 이렇게 말합니다.

"그 담당자는 저 같은 사람을 싫어하는 것 같아요."라고 자신 없어하죠.

"첫 미팅이었고 서로 어색해서 그런 거니까 시간이 지나면 괜찮아질 거야."

아무리 격려해도 소용없습니다.

"아무래도 저는 안 될 것 같아요. 자신이 없습니다. 일에 차질이 생기면 안 되니 빼주세요."

이게 일에서 빠질 만큼 그렇게 큰 일도 아닌데 말이죠. 어쨌든 이런 타입은 혼자 생각이 너무 깊고 많습니다.

조금만 뭐라고 해도 돌변하는 직원

이런 사람들은 감정 기복이 매우 심합니다. 좋은 일이 있으면 기분이 금방 들뜨고 안 좋은 일이 있으면 한없이 가라앉는 편이죠. 이는 지극히 자연스러운 마음의 움직임이고 대부분의 사람들이 그럴 수 있지만, 이런 사람들은 이 기복이 특히 극단적이라고 볼 수 있습니다.

좋은 일이 있든 나쁜 일이 있든 사람들은 '마음의 완충제'가 그 충격을 완화해 극단적인 반응을 보이지는 않습니다. 하지만 이런 타입은 마음의 완충제가 없어 충격을 완화할 수 없는 것입니다. 그래서 사소한 충격에도 과민반응을 보이고 감정적으로 대응합니다. 감정은 감정을 자극하고요. 자신의 감정에 쉽게 빠져드는 사람은 타인의 감정을 자극하고 혼란스럽게 만듭니다. 감정 기복이 격한 사람과 같이 있어서 피곤한 이유는 바로 상대방의 감정 변화에 영향을 받아서 혼란스럽기 때문입니다.

이런 타입을 생각이 깊은 사람이라고 가벼이 여겼다가는 말도 안 되는 사건을 만들 수도 있습니다. 가령, 거래처 담당자가 자신을 미워한다는 것이 단순한 착각임에도 그로 말미암아 형성된 반발심 등의 공격적인 감정이 담당자의 감정을 자극해서 험악한 분위기로 발전할 수도 있습니다.

이런 경우는 사내 인간관계에서도 자주 목격할 수 있습니다. 예를 들어, 밀려드는 고객들로 일손이 부족한 상황에서 다들 바쁘게 일하고 있는데 유독 한 직원만 일하는 속도나 요령이 서툴러 보이는 상황입니다. 그래서 "매장이 이렇게 바쁜데 요령 있게 좀 움직여봐요."라고 가볍게 충고를 건넸더니 마치 자신을 비난한 것처럼 들렸는지, 아니면 요령이 없고 무능한 자신이 슬프고 한심해서 그런 것인지, 갑자기 울음을 터뜨리는 것입니다. 간혹 이런 경우가 과장되어 '직장 내 괴롭힘' 의혹으로 번지기도 하는데, 가볍게 주의 주려던 것이 직장 내 괴롭힘이라니…. 주의를 준 사람만 억울해지는 상황입니다.

심한 욕이나 일방적인 비난을 한 것도 아니고 앞으로 고쳤으면 하는 부분을 충고했을 뿐인데, 누가 보면 호되게 혼을 낸 것처럼 끝내 눈물을 흘립니다. 적반하장도 유분수지! 충고한 사람이 "부탁이니 울지 말아요. 사람들이 괜한 오해를 하겠어요."라며 얼러야 하니 오히려 혼을 낸 사람이 울고 싶어질 것 같습니다.

아주 가벼운 충고로 이런 일이 벌어지는데 하물며 실수를 지적하면 어떻게 될지…. 상상을 초월하는 격한 반응에 어안이 벙벙해질 것이 뻔합니다.

이런 일이 벌어질 것이 불 보듯 뻔해도 고객에게 실수를 저지르면 안 되기에 어떡해서든 주의를 줄 수밖에 없는 상황도 있습니다. 그래서 은근슬쩍 지나가는 말로 가볍게 한마디만 해도 풀이 죽거나 황당하다며 불편한 기색을 드러냅니다. 상황이 이렇게 되면 이날은 말 다했죠. 일을 제대로 할 리가 없기 때문입니다. 또 한술 더 떠서 이튿날부터 몸이 좋지 않다며 며칠씩 휴가를 내기라도 하면 골치 아파지는 건 시간 문제입니다.

혼자 생각하고 혼자 결론 내버린다

이런 타입들의 공통적인 특징은 또 있습니다. 이미 소싯적부터 사소한 일로 야단법석을 떨거나, 전전긍긍하는 등 뭘 해도 쉽게 상처받는 성격을 주변에 잘 드러내왔다는 점입니다.

학창시절을 떠올려 보면, 시험 당일에 "아, 어떡해? 집중이 안 돼!"라며 야단법석을 떨고 있는 친구와 시험이 끝나자마자 "망했다. 아무것도 못 풀었어."라며 난리를 치는 친구는 대부분 동일 인물입니다.

연인에게 사정이 생겨 데이트를 다음 주로 옮기자는 연락이 오면, "그렇구나. 다시 약속 잡자."라고 하는 게 아니라 갑자기 엉뚱하게 튑니다.

"뭐지…? 나한테 질렸나?"

"생각해보니 바로 전 데이트에서 뭔가 말이 잘 안 통했던 거 같기도 하고…"

이렇게 별일 아닌 것 가지고도 풀이 죽거나 쉽게 상처받습니다. 작은 상황도 혼자 견뎌낼 힘이 부족해서 매사에 끙끙거리며 난리입니다. 이는 '회복 탄력성 Resilience'이 낮은 것과 관련이 있습니다.

이미 잘 알려진 회복 탄력성은 마음의 성질, 즉 마음의 '복원력'이라 볼 수 있습니다. 본래는 물리학 용어로 '탄력'을 의미하지만 심리학에서는 다시 복원하는 능력, 다시 일어서는 힘이라는 뜻으로 사용합니다.

힘든 상황에 처해도 상처받지 않고 적응하는 힘. 일시적인 우울 증세는 보일 수 있지만 빠르게 다시 일어서는 힘. 아무리 힘겨운 상황이라도 포기하지 않고 계속해서 노력해나가는 힘. 이것이 바로 회복 탄력성입니다.

본래 회복 탄력성에 관한 연구는 역경에 강한 사람과 약한 사람의 차이점은 어디에서 비롯되는가 하는 의문에서 시작됐습니다. 가혹한 상황에서 받은 스트레스로 일시적인 발병 증세를 보이더라도 금세 회복하는 사람이 있는가

하면, 오랜 시간이 지나도 우울한 상태를 벗어나지 못한 채 일상으로 복귀하지 못하는 사람도 있습니다. 높은 회복 탄력성을 가지고 있는 사람부터 회복 탄력성이 낮거나 그런 능력이 거의 없는 사람들까지 스트레스에 대한 반응은 천차만별로 나타나게 됩니다.

여기서 살펴보고 있는 이런 타입의 사람은 회복 탄력성이 상당히 낮은 편에 속합니다. 이런 타입의 주변 사람들은 그 사람을 격려하고 위로하고 풀이 죽지 않게 북돋아줘야 하고…. (그러지 않으면 분위기가 다운되고 우울해지기 때문에) 신경을 많이 써야 합니다. 그러니 어느 순간 그 사람과 함께 있는 게 피곤하다고 느끼게 되는 것이죠. 비위를 거스르지 않으려고 조심해야 하니, 가뜩이나 바빠서 여유가 없을 때는 짜증 나고 질릴 수밖에 없습니다.

세상 모든 일을
'제로섬 게임'으로 바라본다

매사에 경쟁심을 불태우는 사람이 있습니다. 이런 경우를 한번 볼까요? 금요일 저녁, 맡은 업무가 끝나서 퇴근하려는데 동료가 아직도 열심히 작업하는 모습이 보였습니다. 1시간 후에 가족과 만날 약속이 있었지만 시간이 조금 남아서 "도와줄까?"라고 말을 건넸고, 그 동료는 "고맙지만 괜찮아. 수고했어! 어서 들어가."라고 말했습니다. 마음 편히 퇴근했죠.

다음주, 출근을 했더니 친한 동료가 복도로 불러냅니다.

"너 지난주에 쟤랑 무슨 일 있었어?"

딱히 걸리는 것이 없어서 반대로 무슨 일이 있냐고 물었더니, 세상에. 어이 없게도, 그 직원은 본인이 야근을 하는데 내가 '아직도 못 했냐.', '요령이 없다.'라며 바보 취급을 했다고 주변 사람에게 내 험담을 했다는 겁니다.

친한 동료는 내 말을 믿어줄 테지만 대부분 사람들은 험담의 주인공에게 진상을 확인하지 않을 테니 해명할 기회도 없습니다. 불쾌하다 못해 화가 치솟습니다. 상대방을 배려하고 친절을 베풀려고 말을 걸었을 뿐인데, 이게 무슨 아닌 밤 중에 홍두깨도 아니고 말이죠.

이런 일이 벌어지는 이유는 야근하던 동료가 다른 사람들에 비해 비교 의식과 적대심이 강하기 때문입니다. 이런 사람은 마음에서 우러나온 "도와줄까?"라는 친절에도, 자신에게 상대방이 도전장을 내밀었다고 생각합니다. 그래서 '자기가 얼마나 일을 잘하는지 뽐내려는 거야?', '아직 일을 다 못 했냐고? 지금 나를 깔보는 거야?', '일 좀 잘한다고 아주 기분이 좋군.' 속으로 이렇게 생각하는 것입니다.

이쪽은 그럴 의도가 전혀 없는데도 말이죠. 우리는 '사실 세계'에 사는 것이 아니라, 사실을 어떻게 받아들일 것인가 하는 내적 현실, 즉 '마음의 세계(해석된 의미의 세계)'에 살고 있습니다. 그래서 피곤한 것입니다.

"어때? 봤지? 내가 이겼다구!"

이런 타입은 동료가 일을 잘해도 문제입니다. 같은 부서에서 근무하는 동료가 공을 세우면 다 함께 기뻐하기 마련입니다. 부럽기도 하지만 동료의 성공을 함께 기뻐하고 축하해주는 것이 상식이니까요. 그런데 이런 타입은 솔직하게 축하 인사를 건네지 못합니다. 부러움을 넘어 질투가 나기 때문이죠.

"매출이라고 해봤자 고작 몇천만 원 가지고."

동료의 성공을 깔보고 김새는 말을 하거나,

"저는 전에 그것보다 훨씬 더 많이 수주했는데 얼마나 힘들었는지 몰라요."

이런 식입니다.

어떻게 해서든지 본인의 이야기로 화제를 돌립니다. 경쟁심에 불타올라 필사적으로 잘난 척을 늘어놓죠.

이런 사람들은 모든 일을 '이기거나 지거나'의 구도로 바라보기 때문에 타인의 성공을 기쁜 마음으로 축하하지 못합니다. 누군가 이겼다는 것은 본인이 졌다는 것이고 축하까지 한다면 그 패배를 인정하는 꼴이 된다고 생각하기 때문입니다.

동료가 5,000만 원 매출을 올렸다는 이야기를 들으면 "어때? 봤지? 너가 진 걸 인정하겠니? 무려 5,000만 원이라고!"라며 본인에게 도전장을 내밀었다고 받아들입니다. 좀 웃기다고요? 이 사람들에게는 웃긴 상황이 전혀 아닙니다! 완전히 심각한 상태죠. 물론, 상대방은 전혀 그럴 의도도 없고 그럴 기분도 아닙니다. 그저 본인이 매사를 '승패' 구도로 바라보기에 자기 멋대로 도전장을 받았다고 착각하는 것입니다.

그래서 반사적으로 트집을 잡거나 "왜 이래? 나는 1억 원 이상의 매출을 올린 적도 있다고!"라며 상대방보다 본인이 더 위에 있다는 사실을 인지시키려 발끈합니다.

타인의 성공을 솔직하게 인정하지 못하고, 축하하지 못하며 패배감을 느낍니다. 그래서 본인의 명예를 회복하기 위해 상대방의 성공을 비하하거나 흠집 내고 필사적으로 화제를 전환해 본인의 성공담을 늘어놓는 것이죠. 이런 행동은 무의식중에 일어나기에 정작 본인은 자신의 꼴사나운 모습을 자각하지 못합니다.

다른 사람의 의견을 받아들이는 것 = 패배

이런 타입은 회의하는 자리도 우열을 가리는 투쟁의 장으로 생각합니다. 그래서 본인의 의견을 개진하지 않으면 성에 차지 않습니다. 필사적으로 본인의 유능함을 어필하려는 듯 이런저런 의견을 제시하고 싶어 합니다. 세세하게 논의할 필요가 없는 논제에 대해서도 의견을 제시해서 시간을 질질 끌게 하죠. 그래서 주변 사람들은 '아무래도 상관없는데 왜 저래?' 하며 짜증이 납니다.

혹여 이런 타입이 내놓은 제안이나 발언에 확인할 것이 있어서 질문을 하면 반대하려는 의도도, 트집을 잡으려는 의도도 없는데 공격적인 반론이 돌아옵니다.

경쟁심이 강해서 상대방은 아무 의도도 없는데 자기 멋대로 도전장을 내밀었다고 착각합니다. 이것이 바로 '적대적 귀인 편향 hostile attributional bias'이라는 '인지왜곡 cognitive distortion'입니다. 적대적 귀인 편향은 다른 사람들의 애매한 행동을 상냥한 태도보다는 적대적 태도로 받아들이는 해석 편견입니다. 이에 관해서는 3장에서 자세히 설명하도록 하겠습니다.

어쨌든 이런 타입에게 '누군가의 의견을 수용했다.'는 것은 '패배했다.'는 것을 의미하고 '본인의 반론이 받아들여지지 않았다.'는 것 또한 '패배했다.'는 것을 의미합니다. 그래서 무슨 일이든 이겨야 한다는 생각에 공격적인 논의를 벌입니다. 이런 모습은 주변 사람을 매우 피곤하게 합니다.

이런 타입은 업무 성과만이 아니라 매사에 적대심을 불태워서 일상적인 만남 속에서도 상대방을 성가시게 합니다. 예를 들어, 가볍게 수다를 떠는 도중에 사내 승진 시험을 준비하고 있다는 이야기를 했더니 "쟤는 우리보다 앞서 가려고 아주 안달이야."라며 나쁜 소문을 퍼뜨립니다. 아무 생각 없이 내뱉은 말이 적대심을 노골적으로 드러내는 마음속에 강렬하게 꽂히고 말았던 것이죠.

거래처 친목회 자리에서 어느 학교를 나왔냐는 질문에 "○○대학교를 나왔다."고 대답했더니 상대방이 관심을 보여서 이런저런 이야기를 나눴습니다. 그런데 이튿날 그 자리에 함께 있었던 동료가 "어느 학교 출신인지 얼마나 자랑을 해대던지 상대방이 기분 나빠할까 봐 제가 다 조마조마했어요."라며 뒤에서 흉을 보고 다닌 것을 알게 되기도 합니다. 아마도 대화의 상대방이 아니라 그 동료 본인의 기분이 나빴던 것은 아닐까요?

경쟁심과 적대심을 노골적으로 드러내는 타입의 눈에는 상대방의 질문에 답했을 뿐인데도 마치 잘난 척하는 것처럼 보였던 모양입니다.

Type3. '부채질'형

눈치를 밥 말아 먹고,
분위기도 같이 말아 먹는다

얼굴색 하나 변하지 않고 분위기를 한번에 망치는 용한 재주를 가진 사람이 있습니다. 예를 들면 이런 식입니다. 그 사람은 부서로 돌아오자마자 큰 소리로 떠들어댑니다.

"그거 알아? 이번에 40대 관리직 연봉을 대폭 삭감한대!"

그 말이 들리는 주변 동료들은 별다른 대꾸를 하지 못하고 속으로 생각합니다.

'쟨 또 갑자기 무슨 소리야? 우리 과장도 40대인데. 참….'

사람들이 애써 별 관심을 기울이지 않자, 그는 영문도 모른 채 또 떠듭니다.

"특히 실적이 부진한 40대 관리직은 권고사직이 들어갈 수도 있다던데?"

더욱 자극적인 단어를 섞어 모두의 이목이 쏠리기를 바라지만, 사람들은 더더욱 못 들은 척을 합니다. 그도 그럴 것이 주변 사람들은 지금 가시방석입니다. 더 심한 말이 나올까 조마조마하기까지 하죠.

'적당히 좀 하지. 우리 과장도 실적이 없다고 이 사람아.'

과장은 못 들은 척하고 있지만 실은 다 듣고 있습니다. 부서 사람들 모두 좌불안석하며 '부탁이니까 이제 제발 그 입 좀 다물어.'라고 속으로 외칠 뿐입니다.

진심을 다해 입을 꿰매 놓고 싶다

이렇게 눈치가 없어서 주변 사람을 곤란하게 만드는 사람은 주변에 꼭 한 명씩 있습니다. '이 사람 앞에서 이런 이야기를 하면 좀 그렇겠지?'라고 생각할 법한 화제를 아무렇지 않게 뱉어서 주변 사람을 경악하게 합니다. 그가 경솔하게 초래한 '갑분싸'의 책임은 어째서 모두에게 돌아가는 걸까요.

그런가 하면, 본인이 바라던 인사이동이 결정되는 등 자랑할 일이 생기면 신이 나서 나불나불대며 돌아다닙니다. 분명 주위에 바라지 않았던 인사이동으로 우울한 사람도 있을 텐데 말이죠. 이런 사람들에게 타인의 감정은 중요하지 않습니다.

그뿐인가요. 업무 성과를 달성해서 기분이라도 좋으면 안하무인입니다. 주변 눈치 볼 것 없이 자랑을 늘어놓는 것입니다.

"올해는 일이 참 쉽게 잘 풀렸어. 상황이 좋아지고 있으니 다들 일이 잘 됐겠지만 말야."

그 이야기를 듣고 있는 자리에 성과가 좋지 않은 사람도 있을 것이라는 생각은 전혀 하지 못합니다. 주변 사람들이 난감해하며 화제를 전환하려고 해도 눈치 없이 이야기를 계속 이어나갑니다.

"너도 그렇게 생각하지?"

실과 바늘이 있다면 저 입을 꿰매놓으면 좋으련만.

"불난 집에 부채질"이 취미

이런 사람들은 뜬금없이 주변 사람을 당황스럽게 하거

나 상대방을 자주 짜증 나게 만듭니다. 사이가 나쁜 것도 아니고, 평소처럼 즐겁게 담소를 나누는데 갑자기 듣기 거북한 말을 합니다. 늘 그래왔기에 익숙한 일이라고 해도 가뜩이나 실수로 기분이 상한 상태에서 결정타를 날리는 불쾌한 말을 듣는다면 누구라도 짜증 나고 화가 치밀어 오를 것입니다.

고객과의 약속을 깜박해서 불만 사항이 접수됐고, 상사에게 한 소리 듣고 우울해하고 있는데 꼭 이럴 때 와서 말을 건넵니다.

"표정이 왜 그래? 무슨 일 있어?"

뭐 이 정도까진 괜찮습니다.

"아니, 아무 일도 없어."

이렇게 대답했으면, 제발 그냥 적당히 돌아가줬으면 좋겠지만 그럴 리가 없죠.

"진짜? 별일 없어? 난 또 네가 무슨 실수를 했나 했지. 넌 실수를 자주 하잖아."

이런 식으로 가만히 있는 사람 속을 긁는 것입니다.

대부분은 누군가 상심한 모습을 보면 일단 가만히 내버

려 둔다거나 그 사람의 눈치를 살피겠지만, 이런 타입의 사람들에게는 그런 배려를 눈곱만큼도 찾아볼 수 없습니다. 이런 사람들은 오히려 아픈 상처를 들추고 불난 집에 기름을 끼얹는 말을 태연하게 합니다.

때로는 이런 무심함이 업무까지 이어져서 일이 엉망이 되기도 합니다. 분위기 파악을 못해서, 전달된 줄 알았던 것들이 제대로 전달되지 않는 일이 종종 일어납니다.

주간 회의를 하려고 부하직원에게 회의실을 잡아놓으라고 부탁했습니다. 그리고 당일, 회의실로 갔더니 참석자들이 입구 주변에서 서성거리고 있는 것이 아닌가요? 회의실을 잡아달라고 부탁한 부하직원도 함께 말입니다. 무슨 일인지 물으니 부하직원은 무슨 영문인지 모르겠다는 표정을 짓습니다.

"문이 잠겨 있어요."

"그러니까. 왜 문이 잠겨 있냔 말이야. 내가 자네에게 회의실 예약을 부탁하지 않았나?"

"네? 회의실을 잡아놓으라고 하셔서 예약은 했지만⋯."

속이 터집니다. 회의실을 잡아놓으라고만 지시했지 열

쇠까지 빌려두라는 말은 하지 않았다는 소리입니다. 회의실을 잡아놓으라는 것은 그 시간에 회의실을 쓸 수 있게끔 조치를 취해놓으라는 의미라는 걸 다른 부하직원들은 아마 알아들었을 것입니다.

어리둥절하며 자기가 뭘 잘못했는지 모르겠다는 표정의 그를 보며 기가 막힐 뿐입니다.

좋게 좋게 말하면 알아 듣질 못한다

그도 그럴 것이 눈치도 없고 분위기 파악도 못하는 등 행간의 의미를 전혀 모르는데 일일이 말로 명확하게 표현하지 않는 커뮤니케이션에 얼마나 서툴까요?

눈치도 없고 분위기 파악이 더딘 사람이 점점 늘고 있으니 가능하면 말로 명확하게 표현해야 한다는 주장도 있지만 사실 명확하게 말하는 데에도 한계가 있습니다. 하나부터 열까지 일일이 말로 표현하고 확인하려면 엄청난 에너지와 시간이 필요합니다. 어느 정도는 눈치껏 알아주길 바라는 수밖에 없습니다.

그래서 눈치가 없는 사람과 엮이면 성가신 일이 생기죠.

'이 정도는 굳이 말하지 않아도 알겠지?', '애써 확인하지 않아도 이 정도는 알아서 했겠지.' 하는 일이 이런 사람들에게는 통하지 않기 때문입니다. 보통 사람이라면 누구나 알 법한 것을 정말 전혀 모르는 거죠!

문화인류학자 에드워드 홀 Edward T. Hall 은 의사소통을 함에 있어 '언어에 의존하는 문화'와 '언어에 의존하지 않는 문화'가 있다고 말한 바 있습니다. '고맥락' 문화와 '저맥락' 문화라는 개념입니다.

저맥락 문화란 사람들 사이에 공통의 문화적 맥락이 없고 언어로 명확하게 표현해야 통하는 문화를 가리킵니다. 유럽과 미국처럼 언어로 명확하게 전달하는 커뮤니케이션이 맥락도가 낮은 문화의 특징이죠.

이에 반해서 고맥락 문화란 사람들이 공통의 문화적 맥락을 갖고 있어서 굳이 말로 표현하지 않아도 통하는 문화를 가리킵니다. 말로 명확하게 표현하지 않는 커뮤니케이션이 고맥락 문화의 특징이죠.

에둘러 말하기, 이심전심, 암묵적인 이해, 분위기 파악 등 언어로 표현하지 않는 것까지 미루어 짐작하고 파악하는 커뮤니케이션은 공감 능력이 높기에 가능합니다.

에둘러 거절한다, 찬성하는 것은 아니지만 그렇다고 명확하게 반대하지도 않는다, 콕 집어서 말하지 않으면서 미루어 짐작해 주길 바란다, 상대방의 기대와 요구를 파악해서 먼저 움직인다 등, 이는 저맥락 커뮤니케이션을 구사하는 사람들에게는 절대로 이해할 수 없는 행동입니다.

오로지 자기 자신에게만 관심이 있다

고맥락에 적응하지 못하는 요즘 세대들 중에서는 본인은 지시대로 따랐지만 언어로 표현되지 않은 의도를 파악하지 못해 주변 사람을 당황스럽게 만드는 타입들이 있습니다.

"저는 사람들이 말하는 상식을 잘 모르겠어요."

"다른 사람이 말하는 '좀 다르다는 것'이, 그러니까 뭐가 다른 건지 저는 도통 모르겠어요."

학생들에게 이런 내용의 상담 요청이 오기도 하는데, 눈치가 없고 분위기 파악을 못하는 사람에게 일일이 말로 설명하기란 쉬운 일이 아닙니다.

그런데 간혹 이런 타입 중에 발달장애를 앓는 경우도 있습니다. 이런 경우에 본인은 상당히 진지하기에 주변 사람들이 좌불안석 하며 최대한 정중하게 대처할 수밖에 없습니다.

주변 사람을 짜증 나고 질리게 만드는 것은 그 사람이 타인에 대한 무관심이 원인인 자기중심적인 사고방식을 가진 사람이기 때문입니다. 자신만 중요하고 상대방이 어떤 상황인지, 뭘 원하는지, 무슨 생각을 하는지 등 타인을 살피려는 생각이 없어서 눈치도 없고, 분위기 파악도 못하고, 행간도 읽지 못하는 것입니다.

모든 언행은 본인의 욕구 충족을 위한 것이고 상대방의 욕구 충족에는 전혀 관심이 없습니다. 그래서 본인이 하고 싶은 말은 반드시 하고 직성이 풀리면 그만입니다. 상대방이 그런 말을 듣고 어떤 기분일지, 주변 사람들이 어떤 반응을 보일지 신경 쓰지 않는 것이죠. 주변 사람들이 기가 막히든 코가 막히든 아랑곳하지 않고 계속 떠들어댑니다.

이런 둔감함은 주변 사람에게 최악의 민폐일 뿐만 아니라, 눈치 없고 악의가 없는 만큼 엮이면 매우 피곤합니다.

쓸데없이
'죄송합니다'를 입에 달고 산다

자기 방어 의식이 매우 강해서 불필요한 변명이 많거나 몸을 사리는 사람도 피곤한 건 마찬가지입니다. 특히 부하 직원 중에 이런 타입이 있으면 매일같이 짜증이 납니다. 상사가 부서 전체의 업무 상황을 파악해야 해서 진행 상황을 묻는 상황을 봅시다.

"자, 김 대리. 지난 번 이야기했던 그 프로젝트는 어떻게 진행되고 있나?"

"죄송합니다. 서둘러 할 테니 조금만 시간을 주세요."

"재촉하려는 게 아니고, 어떤 상황인지만 말해주면 돼."

"아 그게…. 죄송합니다. 고객 문의로 애를 먹다 보니 조금 늦어졌습니다."

진행 상황만 확인하려던 것이 쓸데없는 시간 낭비로 이어집니다. 업무 순서나 절차가 이해되지 않아서 물어봐도 마찬가지입니다.

"김 대리, 이 건은 어떻게 된 건지 설명 좀 해주게."

"사실 저는 좀 힘들 거라고 생각했습니다. 그래서 그렇게 말했는데도 서둘러 진행해야 한다는 의견이 많아서….'

비난할 의도도 없고 사실 확인만 하고 싶었을 뿐인데 변명만 늘어놓는 것입니다. 대화의 진전이 없으니 상사는 그저 답답할 노릇입니다.

'제발 쓸데없는 말 좀 하지 마!'

이런 사람들은 노골적으로 '자기 불구화 Self-handicapping' 전략을 구사하기도 합니다. 자기 불구화란, 만일 실패하더라도 무능한 사람으로 낙인찍히지 않으려고 미리 본인에게 어떤 문제나 장애가 있다는 인상을 풍기는 것입니다. 이런 경우는 주변에서 흔히 볼 수 있습니다. 시험 공부를 열심히 해놓고도, 성적이 제대로 나오지 않으면 머리가 나쁘다는 소리를 들을까봐 "나 어떡해. 공부를 하나도 못했네?"라고 말하는 친구를 학창시절에 한두 번 본적이 있을 겁니다.

또 하나 예를 들어 주변 사람에게 과제가 매우 어렵다는 인상을 주기 위해 그 근거를 늘어놓기도 합니다.

"여러 정황을 고려해보면 상당히 어렵지만, 일단 최선을 다해보겠습니다."

이렇게 정황상 어떤 문제가 있다는 인상을 풍깁니다. 이렇게 해놓으면 최선을 다했지만 만일의 경우 일이 잘못됐을 때 무능한 사람으로 낙인찍힐 가능성을 낮출 수 있습니다. 애초에 무리인 것을 알고도 도전했다는 이미지를 연출하는 것입니다.

본인의 컨디션 난조를 강조하는 방법도 있습니다.

"요즘 들어 집중력이 좀 떨어지는 것 같지만, 어쨌든 열심히 해볼게요."

본인에게 약간의 문제가 있다는 것을 미리 알려둠으로써 열심히 했지만 실패했을 때에 받을 상처를 줄이는 것입니다.

이밖에도 방법은 다양합니다.

가령 마감 날짜를 대충 정해서 업무를 분배하면 알겠다고 하면서도 말을 덧붙입니다.

"실은 지금 조금 급한 일이 있어서요. 고객의 신뢰도가 높긴 하지만 까다로운 고객이라 그쪽 일에 집중을 해야 할 것 같긴 한데요…."

이런 식으로 본인이 현재 얼마나 바쁜지를 어필합니다.

"그럼 자네는 힘들겠군."

상사가 이렇게 다른 사람에게 일을 넘기려고 하면 더 가관입니다.

"아닙니다. 대충 말씀하신 날까지 맞춰보겠습니다! 괜찮습니다."

이런 식으로 선심 쓰듯 본인이 해내보겠다는, 오히려 열정적인 모습으로 비춰질 것 같은 멘트를 날립니다.

'그럴 거면 피곤하게 쓸데없는 말 좀 하지 마.'라고 한마디 하고 싶어집니다.

건강 상태를 운운하는 경우도 있습니다.

"얼마 전에 몸이 좀 안 좋았거든요. 지금은 괜찮지만 아직 다 회복한 게 아니라서…."

건강이 좋지 않다는 이런 이야기에 또 다른 사람에게 일을 넘기려고 하면, "그래도 괜찮으니 제가 맡겠습니다."라고 대답합니다.

'그럼 아무 말 말든가. 왜 저래 정말.' 소리가 목구멍까지 올라옵니다. 몸이 평소 같지 않다는 것을 상대방에게 어렴풋이 인식시킴으로써 기대에 어긋나는 결과가 나왔을 때를 대비해서 보증을 서두는 것입니다.

이런 사람이 상사면 진짜 속터져 죽는다

이런 타입이 상사일 경우 골치 아파집니다. 상사는 부하직원의 프로젝트 제안이나 사업계획 등에 (실패했을 때에 받을 상처를 최소화하려고) 모든 방법을 동원해서 문제가 있다고 말합니다. 책임 소재에 민감해서 실패를 꺼리기 때문에 결재를 웬만하면 해주지 않는 것입니다. 그래서 의욕이 넘치는 부하직원일수록, 이런 사람 밑에 있으면 짜증 나고 답답하며 사기가 저하됩니다.

"그런데 이게 확실히 잘 될까?"

모처럼 제출한 제안이 회의에서 통과될 분위기인데 이렇게 초치는 소리를 하는 것입니다. 사실 무슨 일이든 확실하게 잘 되리라는 보장은 없습니다. 무슨 문제가 생기면 책임지고 막겠다며 결재를 해달라고 사정해도 몸을 사리는 말만 합니다.

"자네가 그렇게 말해도 무슨 일이 생기면 상사인 내가 다 책임져야 한다고!"

상사가 이러면 새로운 아이디어는 죄다 무시당할 수밖에 없습니다. 무모한 일만 하지 않으면 치명적인 실패를 두려워할 필요가 없기 때문에 최대한 무난한 길만 가려고 합니다.

이렇게 위험한 선을 넘지 않고 매사에 몸을 사리는 사람은 성공추구 동기보다 실패회피 동기에 따라 움직인다고 볼 수 있습니다.

성공추구 동기란 성공을 쟁취하려는 동기를, 실패회피 동기란 실패를 회피하려는 동기를 뜻합니다. 일반적으로 '동기 부여'는 성공추구 동기를 떠올리는데, 실제로 성공추구 동기에 따라서 열심히 노력하는 사람이 있는가 하면 실패회피 동기에 따라서 열심히 노력하는 사람도 있습니다.

성공추구 동기가 강한 사람은 실패로 인한 상처보다 멋진 성공을 쟁취하고자 하는 강한 의지의 소유자이기에 실패를 두려워하지 않고 과감하게 도전합니다. 반면 실패회피 동기가 강한 사람은 멋진 성공보다 실패하면 받을 상처를 강하게 의식해서 두려운 나머지 좀처럼 도전하지 못합니다.

이런 탓에 적극적인 행동을 기대하거나 적극적으로 나서고 싶은 주변 사람을 답답하게 만드는 것입니다. 실패회피 동기가 강한 사람은 성공추구 동기가 강한 사람에게 특히 더 피곤한 존재가 되겠죠.

다른 사람 말은 듣지도 않고
자기 말만 맞다고 떠든다

본인 나름의 정의감에 비춰봤을 때, 뭔가 잘못됐다고 판단되는 사건이 있으면 '용서할 수 없다.'며 공격하는 사람들이 있습니다.

예를 들면, 소방대원이 소방차를 식당 주차장에 세우고 기동복을 입은 채로 식사하는 모습을 목격했다면 그냥 지나치지 못하고 이때다 싶어 비난을 퍼붓습니다.

"근무 도중에 식사라니? 아주 가관이군."

"소방차를 사적으로 이용하다니 봐줄 수 없어!"

"시민의 혈세를 저렇게 낭비하다니."

다른 예로, 쌀 홍보대사를 모집하는 전단지에 '얼굴이 하얗고 스타일이 좋은 여성'이라고 적힌 문구를 보게 되는 경우도 비슷합니다.

"여자는 꼭 하얘야 해? 이건 성차별이야!"

"얼굴빛이 검은 여자를 무시하는 거야?"

본인 입장에서는 정의감에 불타서 이의를 제기한 것일 수 있지만, 일방적인 주장인 데다가 주변 사람 입장을 배려하는 마음이 부족해보이죠.

바쁘게 근무하다 보니 기동복을 갈아입을 여유조차 없어 급하게 끼니를 때우는 소방대원의 처지를 이해하는 배려심이 있다면 얼마나 좋을까요? 쌀이니까 하얀색을 언급했을 뿐인데 쌀 홍보대사를 구하는 단체를 싸잡아 폄하하게 된 상황일 수도 있습니다. 딱히 모든 여성이 피부가 하얘야 한다고 주장한 것도 아니고, 쌀이 아닌 다른 상품이었다면 갈색 피부의 여성을 모집했을지도 모를 일이니까요.

자신이 보이는 것과 볼 수 있는 것만 놓고 자신의 눈높이와 기준만으로 모든 것을 판단하고 비난해버린 상황이 되어버립니다.

입버릇처럼 '절대', '말도 안 돼'를 달고 산다

이런 타입이 회사 안에 있으면 정말 피곤합니다. 회의에서 무슨 제안이 나와도 본인만의 일그러진 정의감에 불타올라 있기 때문이죠.

"제 생각에는 이런 이의 제기가 나올 것으로 예상됩니다. 그러니 그 부분은 좀 더 신중할 필요가 있다고 생각합니다."

이렇게 나오면 아무도 강력하게 반론을 펼 수 없습니다. 아이디어의 싹이 차례로 짓밟히거나, 사람들이 발언 자체를 자제하게 되고 회의 분위기가 굳어지기도 합니다.

본인만의 정의감으로 무장한 이런 타입들은 부정의 말을 입에 달고 삽니다. 일단 '아니'부터 하면서 말을 시작하는 사람들이 대부분 이렇습니다.

"글쎄, 그건 절대 아닙니다."

"아니, 그건 이상합니다."

"아니, 그런 건 말도 안 됩니다."

본인이 생각하는 게 일단 맞는 것이고, 상대방의 생각은 부인하고 보죠.

물론 많은 사람들이 내 위주의 생각, 내 기준, 내가 맞다는 생각으로 살지만 대부분의 사람들은 본인과 다른 의견이 나오면 '그건 좀 아닌 것 같은데…' 하는 생각이 들어도 "그런 견해도 있을 수 있겠군요."라며 상대방의 관점을 이해하려고 노력할 것입니다.

그런데 이런 타입은 본인의 관점에서 벗어날 수 없어서 상대방의 관점에서 어떻게 보이는지 전혀 이해하지 못합니다. 다양한 견해와 이치가 존재한다는 관점에 서지 못하고 상대방이 틀렸다고 일방적으로 결론짓습니다.

이런 타입과 논쟁을 벌이면 남의 말을 듣지 않기에 이견을 좁힐 수 없습니다. 상대방의 논리를 이해할 마음이 없어서 의견이 다르면 '정말 이상하다.', '말도 안 된다.'라고 비난하거나 때로는 '용서할 수 없다.'며 공격적인 태도를 보이기도 합니다.

본인이 잔다르크라도 되는 줄 안다

이런 사람들의 마음속에는 '자신=정의의 사도'라는 자아도취적 감정이 존재합니다. '소셜 저스티스 워리어 SJW, social justice warrior'라는 단어가 있는데, 이는 본래 진보적인 관점에서 사회를 개혁하고자 하는 발언을 하거나 혁명 운동을 추진하는 사람을 가리켰지만, 요즘은 자신과 다른 것을 배제하려는 보수적인 사람을 의미하며 부정적인 어감을 다소 강하게 내포하고 있습니다.

어쨌든 소셜 저스티스 워리어의 특징은 사회나 조직을 보다 좋은 방향으로 개선하고 싶다는 자기 나름의 정의감에 불타올라 자신과 가치관이 다른 인물 및 조직, 제도 등을 철저하게 공격한다는 것입니다. 본인은 자신이 절대적으로 옳다고 착각하고 정의의 편이라고 믿는데 제삼자의 입장에서 냉정하게 바라보면 편견으로 똘똘 뭉친 사람에 불과합니다.

지나치게 강경하고 공격적인 데다가 본인과 다른 의견은 절대로 들으려 하지 않기에 냉정함을 잃은 사람으로밖에 보이지 않습니다. 조금이라도 '이상한 점'이 발견되면 참지 못하고 반발합니다.

"그 방법은 좀 이상해요."

"그 제도는 잘못된 것 같습니다."

"그 조직은 이상합니다."

비판만 잔뜩 퍼부어댑니다. 주변 사람들은 그런 기세에

눌려서 한 발짝 뒤로 물러나 수습해보려 하죠.

"그건 좀 극단적이지 않아요?"

"그렇게까지 눈에 불을 켜고 따질 일은 아닌 것 같은데요."

하지만 이런 사람들은 자신의 주장이 절대적으로 옳다고 믿기 때문에 절대 굽히지 않습니다.

"왜 다들 모르는 척해요?"

"그렇게 무사 안일주의로 있을 겁니까?"

그런 모습에 주변 사람들은 '저렇게 정색할 필요는 없을 것 같은데.', '그렇게 일을 복잡하게 만들 필요는 없는데.'라며 기가 막히지만 정작 본인은 무사 안일주의로 일을 그냥 좌시하는 것은 잘못된 행동이라고 굳게 믿고 다들 말하기 꺼리는 것도 명확하게 주장해야 한다는 사명감마저 느끼기도 합니다.

영웅의 가면 뒤에 숨겨진 열등감

이런 타입 중에는 미심쩍거나 이상한 점이 있어도 못 본 척하거나 몸을 사리는 사람이 많은데 정작 본인은 자신이 해야 할 말은 꼭 하는 정의의 편에 선 '정의의 사도'라고 믿습니다. 이런 의식의 이면에는 '메시아 콤플렉스^{Messiah} ^{complex}'가 존재합니다. 메시아 콤플렉스는 무의식 속에 '자신=구세주'라는 생각이 있어 필요 이상으로 타인과 사회 혹은 조직을 구하려고 하는 심리를 가리킵니다. '구한다.'는 표현이 긍정적으로 들리지만 사실 이 사람들은 달갑지 않은 피곤한 존재이기만 합니다.

본인은 정의감에 불타올라 행동하지만 마음속 깊은 곳에 열등감과 일그러진 우월감이 복잡하게 얽혀 있기 때문입니다. 그래서 극단적이기 쉽습니다.

업무상 본인의 실력을 제대로 발휘하지 못하거나 분위기에 잘 적응하지 못해서 무의식적으로 열등감이 느껴졌을 때 그 열등감을 떨쳐버리고자 정의의 사도가 된 것마냥 표적으로 삼은 인물이나 조직, 제도를 비난합니다. 허점이 있는 표적을 비난함으로써 본인의 가치를 높이는 것입니다.

무의식적인 충동의 영향을 받아서 움직이기에 냉정하지 못하고 건설적인 논의를 할 수 없습니다. 그래서 아무리 논의를 해도 남의 의견에 귀를 기울이지 않고 본인의 논리와 이치만 내세울 뿐입니다.

모든 일에
유도리를 찾아볼 수가 없다

이번에 살펴볼 타입은 순서나 규칙에 필요 이상으로 집착하는 사람입니다. 특히 회사에서 종종 보이는 것 같습니다. 중대한 부분도 아니고 아무래도 상관이 없는 업무에서도, 세세한 규칙을 들이밀며 업무 처리를 방해합니다. 한마디로 융통성이 전혀 없는 사람이죠.

특히, 상사가 이런 타입이라면…. 생각만 해도 암울하네요.

말로는 "누구나 도전할 수 있는 그런 체제를 만들어야 해."라고 잘도 떠듭니다. 그러면서 막상 실제로 그렇게 하면 돌변하여 이런 말들을 늘어놓습니다.

"정해진 절차를 지켜야지."

"그런 전례가 없어. 좀 무리야."

본인이 업무를 방해하고 있다는 사실을 자각하지 못한 채 조직을 철저하게 관리해나가는 것이 본인의 역할이라고 믿고 있습니다. 부하직원들 속만 터지는 상황이네요.

그놈의 결재가 사람 잡는다

이런 타입들은 결재 매뉴얼이나 체계를 통해, 본인의 존재감을 발견하고 더욱 활발하게 움직입니다.

가령, 깜빡하고 출장 신청서를 미리 내지 못했는데 출장 당일 아침에 생각난 경우를 떠올려봅시다. 급히 나가봐야 하니 서둘러 서류를 작성해서 제출한 후 사후 결재를 받겠다고 상사에게 말해야겠죠.

"아직 출장 신청서의 결재가 다 안 났잖아?"

어차피 형식적인 절차고 팀장님의 재량으로 일단 출장을 승인할 수 있지 않냐고 설명을 해보아도 소용이 없습니다. 거래처 일정을 변경할 수도 없으니 미칠 노릇입니다.

"거래처에 사내 규정을 설명하고 연기하도록 하게."

계급장 떼고 밖에서 한판 붙고 싶은 분노가… 차오릅니다. 물론 출장 신청서를 깜빡한 것이 잘못인 건 인정하지만, 이 정도는 봐줄 법도 한데 절대 통하지 않습니다. 이런 상사 때문에 퇴사를 하는 직원들이 많은 것이 현실이죠.

절차에 그토록 집착하는 이유

업무상 필요한 물품을 구입하는 사소한 일조차 일일이 서류를 제출해서 결재를 받으라고 피곤하게 구는 사람도 있습니다.

예를 들어, 한 시간 후로 예정된 회의에 갑자기 문구류가 필요하게 된 상황입니다. 경영지원실 쪽에 일단 사비로 구입하고 나중에 청구하는 방식으로 준비하겠다고 상황을 설명했습니다. 그러면 이런 답변이 돌아옵니다.

"사비로 구입하는 일은 자제해주세요. 정해진 서류를 작성해서 신청해야 합니다. 급하게 결재가 필요하다면 점심시간이 끝난 직후면 날 테니 회의를 오후 시간으로 변경하시는 게 좋을 듯합니다."

아니, 여러 사람이 시간을 맞춰 들어오는 회의가 중요할까요, 언제 내도 결재가 날 수 있는 서류 제출이 중요할까요? 정말 뭐가 더 중요한지 도무지 모르는 듯합니다. 끝까지 서류를 요구합니다.

웬만한 사람들은 이런 상황에서 치가 떨립니다. 어차피 업무상 필요한 물품이라 결재가 나지 않을 리가 없고 단순한 서류 결재가 회의를 연기해야 할 만큼의 가치 있는 일인지 이해할 수 없으니까요. 상대하기 피곤하니 "그냥 내 돈으로 사고 말지!" 하는 사람도 있습니다.

계약 건에 있어서도, 우리 쪽 제안에 거래처가 호의적이고 크게 문제될 만한 점이 없는 조건을 제안받아 승낙하고 돌아오면 이렇게 말합니다.

"절차를 밟으라고 말하지 않았나? 일단 회의에서 제대로 설명하고 승인을 받아야지. 오케이 사인은 그다음이라고. 어서 거래처에 연락해서 기다리라고 하게."

이런 식으로 쭉쭉 진행될 수 있는 일도 굳이 굳이 중단시킵니다. 업무 방해로 고소하고 싶네요. 이런 일이 자주 일어나면 열심히 계약 건수를 따낼 의욕이 싹 사라지겠죠.

일이 잘못됐을 때 빠져나갈 구멍

사사건건 절차를 들이대는 타입에게 '대체 왜 그때 그때 상황에 따라 대응해주지 않지?'라며 불만을 느끼는 분이라면 아마 상황을 봐가면서 본인의 행동을 판단할 수 있는 능력을 갖춘, 즉 임기응변에 강한 타입일 겁니다.

바꿔 말하면, 필요 이상으로 규칙에 집착하는 타입은 그런 능력이 부족한 사람입니다. 임기응변을 발휘해서 적절한 판단을 내릴 자신이 없는 것이죠. 그래서 절차에 의존하는 것입니다. 규칙에 집착하는 사람이 별반 두각을 드러내지 못하는 이유가 바로 이겁니다.

이런 사람들은 스스로 명확하게 의식하지는 못하지만 마음속 어딘가에 자신의 판단력을 믿지 못하는 불안이 자리 잡고 있습니다. 본인이 자유로운 상황에 약하다는 점을 알고 있고, 그래서 임기응변의 판단이 요구되는 상황을 어떻게 해서든 피하려고 합니다.

절차대로만 한다면 임기응변의 판단을 하지 않아도 되기 때문이죠. 규칙을 붙잡고 늘어지는 행동은 본인을 방어하기 위한 것입니다.

만약 대처에 한발 늦는 일이 발생해도 규칙에 따라서 움직였다면 추궁당할 가능성은 적어집니다. "절차대로 했다."고 말할 수 있기 때문이죠.

또한 규칙이나 순서에 집착하는 타입은 대개 논리력이 부족한 사람입니다. 본인의 사정을 논리적으로 설명할 수 있는 사람은 가령 절차를 위반했더라도 그것이 윤리적인 문제를 초래하지 않았고, 문제가 되지 않도록 조치한 것을 설명할 수 있기 때문입니다. 하지만 이 타입은 논리력이 부족해서 다른 사람을 설득할 자신감이 없기에 매사에 절차를 들이대는 것입니다.

이런 사람들 때문에 특히 더 짜증 나는 사람들이 있습니다. 바로 논리력과 발상력, 기획력을 갖춘 사람들입니다. 머릿속으로 생각하고 움직이는 스타일이기 때문에 '도대체 왜 절차만 운운하고 스스로 생각해서 판단하지 못하는 거지?' 이해할 수 없어 짜증이 날 수밖에요.

절차에 집착하는 사람들은 그걸 따르지 않으면 불안합니다. 절차만 따라서 움직이면 스스로 생각하고 판단할 필요가 없고, 본인의 부족한 발상력과 판단력을 감출 수 있습니다. 결국 본인의 능력에 자신이 없는 것입니다.

스스로 판단하고 움직이는 기동력이 탁월한, 의욕과 능력이 있는 사람에게 '바보의 벽'으로밖에 보이지 않는 피곤한 존재가 되는 것입니다.

사람들의 관심이 나를 감싸지 않으면 아무것도 할 수 없다

칭찬을 못 받으면 의욕을 상실하는 타입도 있습니다. 보통 사람들은 힘겨운 상황 속에서 필사적으로 노력하거나 큰 성과를 냈을 때 그 사람을 칭찬합니다. 당연히 해야 할 일을 했다고 칭찬을 하는 사람은 많지 않죠. 그런데 바로 이 '어리광쟁이'형 사람들은 성장 과정에서 부모님이나 선생님에게 칭찬을 너무 많이 받으면서 자라서 그리 대단한 일을 하지 않아도 칭찬받을 수 있다고 생각합니다. 그래서 매사에 칭찬을 기대하는 것이죠.

하지만 모두 알다시피 현실은 그렇게 녹록지 않습니다.

대개는 칭찬이 본인의 기대에 못 미치는 경우가 많은데 그런 상황에서 이 타입의 사람은 삐치고, 의욕을 상실합니다. 말 그대로 어리광이 심한 사람들인 것이죠.

칭찬받기 좋아하는 사람의 심리는 다음의 전형적인 2가지 패턴에 의해서 만들어집니다. 하나는 어린 시절에 부모님에게 충분한 관심과 사랑을 받지 못한 경우입니다. 공감과 수용의 상호 작용이 없었기 때문에 자존감이 제대로 형성되지 못한 것이죠. 그래서 자신감을 얻기 위해서 타인의 칭찬을 과도하게 요구하는 패턴입니다.

다른 하나는 어린 시절에 부모님이 아이의 모든 어리광을 받아주며 곱게 키워서, 본인은 특별하다는 의식이 비정상적으로 자라나 타인에게 과도한 칭찬을 요구하는 경우입니다.

회사에서조차 '우쭈쭈'를 바라는 사람들

최근 들어, 후자에 해당하는 사람들이 늘고 있습니다. 개중에는 부끄럽지도 않은지 "저는 칭찬받으면 잘하는 스타일이에요."라며 본인 입으로 나불대는 사람도 있습니다. 그 말을 들은 상사나 선배는 "그런 어리광쟁이는 필요 없어!"라고 쏘아주고 싶은 것을 간신히 참고 그저 웃을 뿐이죠. 이런 타입에게 괜히 엄한 소리를 했다가 직장 내 괴롭힘이니 뭐니 해서 큰 소란이 빚어질 수도 있기 때문입니다.

'벌써부터 골치가 아프네. 이런 애를 어떻게 교육시키지?' 마음은 벌써 포기 직전의 상태일 것입니다. '이런 애 기분을 내가 왜 맞춰줘야 하지? 이 짓도 못 해먹겠군.' 하며 치를 떨기도 합니다. 어른이 되어 사회로 나오면 땀 흘린 노력이 성과로 이어지지 않는 일도 많고 칭찬받을 만한 실적을 올리지 못하는 경우도 많습니다. 그럴수록 정체되지 않고 열심히 노력해서 앞으로 나아가야 하죠. 칭찬받지 못해도 성장해 나가야 합니다.

결국 '칭찬을 받아야 잘한다.'고 말하는 타입은 요즘처럼 치열한 경쟁 시대에 본인은 '쓸모없는 사람'이라고 말하는 것과 같습니다. 그런데 안타깝게도 당장 눈앞에 이런 부하 직원이나 후배가 있다면 어쩔 수 없이 칭찬을 미끼로 일을 시킬 수밖에 없는 것이 현실이죠.

누군가 본인을 필요로 해줘야 산다

상사가 이런 타입인 경우도 피곤합니다. 임금도 아닌데 아랫사람들이 매번 그를 추앙하고 치켜세워줘야 기분이 좋아지죠. 그가 당연한 이야기를 해도 그를 따르는 심복들은 이렇게 말해야 합니다. "역시 과장님은 예리하세요." 심지어 '뭐라는 거야? 아무것도 이해를 못했잖아?' 하는 생각이 드는 어이없는 발언을 해도 "아주 중요한 지적이십니다."라고 치켜세워야 하죠. 그제서야 그들은 만족스러워합니다.

치켜세우지 않으면 삐쳐버리는 타입이라서 누군가가 본인을 치켜세워주는 행동에 매우 약합니다. 그래서 편애가 심하기도 하죠. 다음 상황을 봅시다.

도움을 요청하고 싶은 안건이 있었지만 상사가 몹시 바빠 보여서 혼자 낑낑대면서 보고서를 작성했습니다. 그리고 상사에게 제출했더니 표정이 언짢고 냉랭하죠. 얼마 후에 선배와 수다를 떨다가 그 이유를 물어보니 선배는 뜻밖에도 이런 조언을 해주었습니다.

"그건 네가 보고서를 쓰는 도중에 상사에게 도움을 요청하지 않아서야."

더 충격적인 이야기도 듣습니다.

"그 누구야, 과장이 아끼는 ○○씨 말이야. 왜 그렇게 아끼는지 알아? 과장이 아무리 바쁠 때도 도움을 청하기 때문이야. 왜 있잖아, 누군가가 자기를 필요로 하면 괜히 기분 좋은 거. 저 과장은 특히 치켜세워주는 걸 아주 좋아한다고. 그래서 부하직원이 자기를 필요로 하고 '과장님이 안 계시면 안 돼요!' 하는 상황을 남들보다 즐기는 거지."

듣고 보니 도움을 요청하러 가면 항상 기쁜 표정으로 반겨주던 상사의 얼굴이 떠올라서 선배의 조언에 고개가 끄덕여졌다고 합니다.

이런 상사의 마음을 녹이는 확실한 방법

이것이 바로 제가 '상사의 마음을 녹이는 보고, 도움 요청, 연락'을 장려하는 이유입니다. 일반적으로 보고, 도움 요청, 연락이라고 하면 상사가 부하직원의 업무 상황을 파악하기 위한 것이라고 생각하기 쉽죠. 그런데 보고, 도움 요청, 연락에 포함된 심리학적인 의미 또한 무시할 수 없습니다. 바로 이것들이 상사의 마음을 말랑하게 해주는 것이죠.

상사의 마음속에는 본인이 부하직원에게 존경받는 사람인가, 부하직원이 따르고 싶은 상사인가, 부하직원이 본인을 얕보지는 않는가 등 온갖 걱정과 근심이 자리하고 있습니다. 그래서 부하직원이 도움을 요청하면 본인을 필요로한다는 생각에 안도하죠. 이런 의미에서 상사에게 빠짐없이 보고, 도움 요청, 연락을 하면 상사의 마음을 녹일 수 있습니다.

특히, 자신을 치켜세워주길 바라는 타입은 자신감이 부족하고 항상 마음속에 불안을 품고 살기 때문에 누군가가 본인에게 도움을 요청하는 것이 아주 큰 심리적 보상이 됩니다. 그래서 이런 타입을 대하는 포인트만 잘 알고 있으면 다루기 쉬운 면도 있죠. 물론, 기분이 상하지 않도록 더많은 배려를 해야 한다는 점에서는 여전히 엮이면 피곤하긴 하지만요.

듣고 싶은 말은 정해져 있고
못 들으면 서운해 죽는다

배려와 이해심은 일종의 미학이지만 이것도 도가 지나치면 피곤해집니다. 특히 배려해주기를 바라는 모습이 뻔히 보이는데도 극구 사양하는 사람을 보면 "어지간히 좀 해라. 그만 속내를 드러내!"라고 말하고 싶어지죠. 예를 들어 이런 상황입니다.

공휴일에 예정된 거래처 이벤트에 누군가는 꼭 참석해야 하는 상황이 생겼습니다. "그날 애랑 놀이공원에 가기로 약속했는데….."라며 곤란해하기에 "그래요? 그럼 제가 갈게요. 저는 아무 일 없어요."라며 대신 참석하겠다고 하면 "모처럼 휴일인데 미안해서 어쩌죠? 애를 잘 달래서 다른 날 갈 수도 있기는 한데….'라고 말합니다.

"정말 괜찮습니다. 제가 갈게요."라고 말해도 "정말요? 괜찮아요? 미안해서 어쩌죠?"라며 계속해서 상황을 질질 끕니다. 이 정도 되면 "그럼 처음부터 이벤트에 참석하기 어렵다는 말을 하지 말던가!"라고 쏘아주고 싶지만 꾸역꾸역 참을 수밖에 없습니다.

"괜찮으니 신경 쓰지 마세요."라며 같은 말을 반복할 수밖에 없죠. 상대방이 듣고 싶어 하는 말이 뻔히 보여서 '도대체 뭐야? 어쩌라는 거야? 맨날 이런 식이라니까.' 하고 짜증이 납니다.

지나치게 겸손 떠는 사람의 본성

이런 사람도 있습니다. 어떤 프로젝트가 기획되어 구성원을 추천받으려고 할 때 본인이 그 프로젝트에 관심 있다는 것을 조심스럽게 언급하고 주변 사람들이 그런 심중을 헤아려서 추천해주겠다고 말을 꺼내면 이렇게 말하는 거죠.

"제가 뭐라고요. 아직 많이 부족하죠." 아니면 이렇게 말합니다. "저보다 더 나은 적임자가 있을 것 같은데…" 뻔뻔해 보이고 싶지 않아서 도가 지나칠 정도로 겸손을 떱니다. 이런 행동은 무의식중에 본인의 인상을 조작하려는 행동입니다.

이런 상황에서 주변 사람들은 '도대체 하고 싶다는 거야? 하고 싶지 않다는 거야? 거참, 짜증 나는군.' 하는 생각도 들지만 그렇게까지 겸손하지 않아도 된다며 자신감을 갖고 해보라고 격려할 수밖에 없죠.

무턱대고 본인을 비하하는 타입도 피곤하긴 매한가지입니다. 이런 사람은 매사에 "난 구제불능이야."라며 신세 한탄을 합니다.

"다들 일을 잘하니 얼마나 좋아? 나는 요령이 없어서 실수만 하고…"

"늘 남에게 방해만 되는 것 같아 난…"

"유능한 사람이 너무 부러워. 나는 뭐든 서툴러서…"

일단 구제불능인 자신을 한탄하며 '무능함'을 알리는 데에 여념이 없죠. 본인의 '유능함'을 떠벌리는 것은 이해할 수 있지만 왜 굳이 '무능함'을 떠벌리는지 모르겠다며 이상하게 생각하는 사람도 있을 것입니다.

그 이유는 격려와 위로를 받고 싶어서입니다. "그렇지 않아."라는 말을 듣고 싶은 것이죠. 이런 경우에도 듣고 싶은 말이 빤히 보이는 만큼 주변 사람들은 지칠 뿐입니다. "이제 제발 그만 좀 해라!" 하고 쏘아붙이고 싶지만 상대방이 듣고 싶어 하는 말을 총동원해서 격려할 수밖에 없는 것이 현실입니다.

"그래서 뭔 말이 하고 싶은 거야?" 소리가 절로 나온다

대화를 나누다 보면 말이 장황하기만 하고 요점은 없어서 짜증 나는 사람이 꼭 있습니다. 일단 이런 타입은 서두가 길죠. 상사에게 보고하거나 협업자와 미팅하는 자리에서 이런 사람이 하는 이야기를 듣고 있으면 도대체 어디까지가 서두이고 어디부터가 본론인지 알 수 없습니다. 그저 답답할 뿐이죠.

"정리하면 이런 말씀인가요?" 나름대로 요약해서 물으면 "아, 그러니까…. 이런 이유에서…, 실은 이런 일이 있어서…, 그건 말이죠…."라며 또다시 장황한 설명이 따라

붙습니다. 아무리 집중해서 들어도 무슨 말을 하려는 건지 도무지 알 수 없죠.

이런 타입은 이야기가 너무 세세합니다. 그것도 불필요하리만큼 너무나 자세합니다. 그래서 말이 많고 길어질 수밖에 없는 것이죠. 본인 딴에는 정확하게 설명을 하려고 작은 부분까지 언급하는 것이겠지만 의도와 정반대로 너무 장황해서 요점을 파악할 수 없어집니다.

일단 이런 타입이 이야기를 시작하면 장황한 그의 말에 맞장구를 쳐줄 각오를 해야 합니다. 그래서 바쁠 때 이런 타입을 상대하려면 매우 곤란하죠. "적당히 하고 그만 놔줘!"라고 말하고 싶어집니다.

회의를 '네버 엔딩 스토리'로 만드는 사람

회의에서도 이런 타입이 발언을 시작하면 '오늘도 시작이구나.', '언제 끝나려나…' 체념에 가까운 분위기가 조성되고 급기야는 딴짓을 하는 사람도 있습니다. 아무리 경청하려고 노력해도 피곤해질 뿐이죠. 다들 잘 들으려고 노력해봤자 헛수고로 끝날 것이 빤하다고 생각합니다. 도무지 이런 사람이 하는 이야기에 집중이 될 리가 없습니다.

또 이런 타입은 횡설수설까지 합니다. 다양한 경위를 말하려는 의도는 알겠는데 왜 그런 부분까지 지금 여기서 언급해야 하는지 이해할 수 없는 경우가 많습니다. 본인이 알고 있는 것은 모조리 말해야 성에 차는 모양입니다. 정말 피곤하죠.

말이 장황한 이유는 취사선택이 불가능하기 때문입니다. 그래서 알기 쉽게 요약하지 못하죠. 이런 사람을 두고 '나무만 보고 숲을 보지 못한다.'고 말합니다. 말 잘하는 사람들은 불필요한 이야기는 빼고 이해가 쉬운 예를 들어서 설명하거나 핵심만 간추려서 말합니다. 보통은 화자가 말하고자 하는 것을 청중이 이해하기 쉽도록 지엽말절(枝葉末節, 하찮고 자질구레한 부분)을 다 떼어내고 전달하고자 하는 요지만 설명하는 것이죠.

그런데 이 타입은 지엽말절을 절대 버리지 못합니다. 효과적인 이야기의 흐름을 위해서 가장 필요한 중심 화제만 간추려서 이야기하지 못하는 것이죠. 그래서 본인이 알고 있는 것은 뭐든지 다 늘어놓습니다. 취사선택 없이 나열하여 모조리 언급하는 것입니다. 그 덕분에 청중은 도대체 무슨 말이 하고 싶은 건지 알 수 없죠. 혼란스러운 표정으로 이렇게 말할 수밖에 없습니다. "대체 무슨 말이 하고 싶은 거야?"

과거 이야기 안 꺼내고는 대화가 안 된다

조직이라는 공적인 굴레가 사라졌는데도 더 꼴사납고, 주변 사람을 피곤하게 만드는 사람이 있습니다. 이런 타입의 전형적인 예가 바로 과거의 영광에 매달려 자존심을 지키려는 사람입니다. '왕년에' 어느 정도 권한이 있었고, 그것이 본인의 유일한 버팀목이었던 사람일수록 정도는 더욱 심합니다.

이런 타입은 주변 사람들이 치켜세워주지 않으면 불편한 기색을 드러내서 분위기를 망치기도 합니다. 그래서 아무도 면전에 대고 불만을 말하지는 않지만 속으로 피곤한 사람이라고 생각하죠. 사실 직함은 조직 내부 사람이나 동종 업자처럼 이해관계로 얽힌 사람들에게만 통용되는 것입니다. 그 밖의 인간관계에서는 무의미하죠. 그런데도 거만한 태도를 취하는 것은 우습기 짝이 없는 행동입니다.

이런 타입은 동호회에 나가서도 잘 적응하지 못합니다. 본인은 동호회 사람들과 다르다는 의식 때문에 누군가가 본인을 치켜세워주는 것이 당연하다고 여기고, 잡일 하는 사람을 봐도 돕지 않습니다. 신입 회원이면서 잡일은 본인이 해야 할 일이 아니라는 태도를 보이는 것이죠. 이쯤 되면 본인 스스로가 적응을 거부하는 꼴입니다.

모든 대화가 "내가 왕년에~"로 시작하고 끝난다

이런 타입은 마을 회의나 아파트 입주자 회의에서도 잘난 척을 하며 본인 뜻대로 회의를 이끌어 나가려고 합니다. 그래서 주변 사람들을 불편하게 만들죠. 회의 참석자들은 본인을 존중해야 하고 본인의 의견은 반드시 통과되어야 한다고 믿습니다. 그렇지 않으면 불만스러운 태도로 분위기를 망쳐서 어쩔 수 없이 치켜세워줘야 하죠. 정말이지 피곤한 존재입니다.

사실 이런 타입은 정년퇴임 후에 갑자기 본색을 드러내는 것이 아닙니다. 떡잎부터 알아본다고 했던가요? 회사에 다닐 때부터 싹이 보이는 인물들이죠. 이런 타입은 동창회에 나가서도 동창의 직함이나 다니는 회사 지명도 등 사회적 지위에 관심을 갖습니다. 친구와 만나는 것인데도 본인보다 사회적 지위가 낮다고 판단되면 홀대하거나 설교를 늘어놓습니다. 반면, 자기보다 사회적 지위가 높다고 판단되면 알랑방귀를 뀌며 굽신거리죠. 정말 최악입니다.

이런 타입은 인간의 가치를 오로지 직함으로 판단합니다. 그러니까 당연히 직함이 본인의 자랑거리이자 본인을 지켜주는 유일한 버팀목인 것이죠. 자신의 '가치 = 직함'이라는 사고방식으로 살아가기 때문에 직함을 떼어낸 그 사람 자체의 '매력'은 너무나도 보잘것없는 경우가 많습니다.

이런 타입은 직무상 역할에 따라 살기 때문에 인생 그 자체를 즐기지 못합니다. 인간관계도 업무상 연을 맺은 이들에서 벗어나지 못하죠. 아주 쓸쓸한 인생을 걸어온 것입니다. 그래서 이런 타입은 퇴직으로 직함을 잃었을 때가 인생 최대의 위기입니다. 군말 없이 본인의 의견을 따라주고 기분을 맞춰주던 부하직원도, 동료도 없습니다. 아무도 본인을 치켜세워주지 않죠. 욕구 불만으로 짜증만 늘어날 뿐입니다.

그래서 매사에 과거의 직함을 운운하면서 잘난 척을 하려는 것입니다. 인간적인 매력을 점차 잃어가는 줄도 모르고 말이죠. 동창회, 동호회, 이웃과의 만남처럼 모두가 대등한 관계에서 어울리는 모임에서 이런 타입은 상대하기 힘들고 되도록 엮이고 싶지 않은, 실로 달갑지 않은 피곤한 존재입니다.

3

도대체 왜 그러는 걸까?

그들이 알고 싶다

밑도 끝도 없이 화부터 내는 사람, 왜 그러는 걸까?

　살면서 한 번쯤 겪어보셨겠지만, 이유 없이 화를 내는 사람도 정말 주변을 피곤하게 합니다. 조금이라도 주의를 주거나 안 좋은 소리를 하면 바로 '내가 뭘?' 하는 표정으로 바뀌는 사람들이 있죠. 책임을 묻거나 혼내려는 것이 아니라 "이런 부분은 좀 그러니 고쳤으면 좋겠다."고 말한 것뿐인데, 마치 자신이 비난받기라도 한듯 정색하며 변명을 늘어놓습니다.

　이런 사람들의 변명을 끝까지 듣고 있자니 시간만 낭비되고 일을 진행할 수 없겠다 싶어 대충 "네 말은 잘 알겠다."라고 적당한 선에서 이야기를 끊고 마무리 지으려고 하면 "왜 내 말을 대충 들어?"라며 또 불만스러운 태도를 보입니다.

이뿐만이 아니죠. 이런 타입들은 (모두 그런 건 아니지만) 종종 뒤에서 사실이 아닌 소문을 퍼뜨리기도 합니다. 이런 사람을 상대하자면…. 정말 '노답'입니다. 누군가에게 이유 없이 미움이나 공격을 받는 것은 아주 성가신 일입니다. 아니, 성가시다 못해 매일이 스트레스입니다. 그래서 이런 타입과 엮이면 피곤하죠.

그렇다면 이 사람들은 왜 이렇게 공격적일까요?

사실 무턱대고 공격적인 태도를 보이는 사람에게는 '인지왜곡'이라는 문제가 있는 경우가 많습니다. 보통 사람들이 별로 반응하지 않을 말이나 행동에 일일이 감정적으로 반응하고 공격적인 태도를 취하는 것이죠. '그렇게까지 정색할 필요는 없지 않나?', '왜 저렇게 비뚤어진 시선으로 받아들일까?' 하는 생각마저 듭니다. 이는 이 사람들이 상대방의 말과 행동에서 악의를 느끼기 때문인데, 이것이 바로 '인지왜곡'입니다. 상대방의 언행을 받아들이는 방법이 뒤

틀린 것이죠.

심리학자 니키 R.V 크릭 ^{Nicki R. Crick}과 케네스 A. 닷지 Kenneth A. Dodge는 '사회정보처리 모델 Social information processing model'이라는 이론을 주장한 바 있습니다. 이 모델에 따르면 상대방의 말이나 행동 같은 사회적 정보는 다음의 6단계를 거쳐 처리됩니다.

① 내·외적인 단서의 부호화: 사회적 단서에 주의를 기울이는 단계

② 단서의 해석: 단서의 의미를 이해하는 단계

③ 목표의 명확화: 무엇을 원하는지 결정하는 단계

④ 반응 검토: 목표 성취를 위한 반응을 탐색하는 단계

⑤ 반응 결정: 탐색된 반응들의 장단점을 평가하는 단계

⑥ 실행: 선택한 반응을 행동으로 표현하는 단계

이 6단계에 따르면 먼저, 우리는 상대방의 언행과 그로 인한 자신의 기분에 주목하고 상대방 언행의 의미를 해석합니다. 그런 다음에 어떻게 대응할 것인지를 생각하고 구

체적인 방법을 검토해서 반응을 결정하죠. 마지막으로 그것을 실행에 옮깁니다.

이 중에서 특히 두 번째, '단서의 해석'은 매우 중요합니다. 상대방이 보인 언행의 의미를 어떻게 해석할 것인지를 생각하는 단계죠. 똑같은 말을 들어도 '굴욕을 당했다.'라고 해석하고 분노를 드러내는 사람이 있는가 하면 '유머러스한 장난'이라고 해석하고 함께 웃는 사람도 있습니다. 상대방의 언행을 어떻게 해석하느냐에 따라서 이후의 반응이 크게 달라지는 것입니다. 공격적인 사람이 보이는 반발심은 이런 과정을 통해 행동으로 나타나게 된다고 볼 수 있습니다.

보통은 오해라며 자세하게 설명해주면 이들이 이해할 것이라고 생각하지만 이는 큰 오산입니다. 공격적인 사람들은 애초에 부호화 단계(1단계)에서 모든 단서에 주목하지 않고 공격적 단서에만 집중했기 때문에, 사실 여부가 어떻든 우리의 행동을 적대적으로 해석하기 때문이죠.

'바보 취급을 당했다'는 바보 같은 생각

이런 인지왜곡은 앞서 2장에서도 언급되었던 '적대적 귀인 편향'입니다. 적대적 귀인 편향이라는 것은 이름 그대로 다른 사람의 말과 행동이 자신을 적대시하는 것이라고 해석하는, 즉 타인이 자신에게 적대적인 마음을 품고 있기 때문에 이렇게 말하고 행동한다고 여기는 인지왜곡을 말합니다. 그래서 상대방의 의미 없는 사소한 말에도 뜬금없이 적의를 느끼고 '저 사람이 나를 바보 취급한다.', '저들이 나를 따돌리려고 한다.'는 등 부정적인 해석을 내놓는 것이죠.

이런 생각을 자주 하다 보면 어느 순간 마음속에 '상대방은 가해자, 나는 피해자'라는 구도가 만들어집니다. 그래서 본인에게 적의를 품은 상대방에 대한 복수심이 갑자기 불타오르고, 결국 공격적인 행동을 보이는 것입니다. 이렇게 인간관계를 자신의 인지왜곡에 따라 악의적으로 조작하는 행동을 '관계성 공격Relational aggression'이라고 합니다. 나쁜 소문을 퍼뜨리거나 불신을 조장하는 정보를 일부러 흘리는 등 관계성 공격이 심한 사람은 '본인이 관계성 공격의 피해를 입고 있고 그래서 자신은 단지 그것에 대해 복수하는 것'이라는 납득할 수 없는 생각을 하는 경우가 많습니다.

이렇게 친구들이 아무 생각 없이 한 말이나 행동에도 예민하게 적의를 느끼고 '쟤들이 나를 따돌리려고 해.', '쟤가 나를 미워해.'처럼 악의적인 해석을 내놓는 사람들은 당연히 피해 의식을 갖기도 쉽습니다. 피곤하기도 하지만 어떨 땐 무섭게 돌변할 수도 있는 사람들입니다.

적대적 귀인 편향 이면에는 기본적인 '신뢰 결여'나 무시당한다는 '불안감'이 숨겨져 있습니다. 남을 잘 신뢰하는 성향은 타인에게 호의적이고, 타인의 언행도 호의적으로 해석합니다. 상대방의 말을 왜곡해서 듣지 않고 있는 그대로 받아들일 줄 아는 것이죠. 물론, 그래서 때로는 남에게 쉽게 속기도 하지만 사람을 의심하기보다는 믿는 경향이 강합니다. 반면에 기본적으로 남을 신뢰하지 않는 사람은 항상 타인을 경계하고 사람들의 말이나 행동을 '뭔가 꿍꿍이가 있을 거야.', '악의가 있을 거야.'라며 주의합니다. 벌써부터 피곤해집니다.

마찬가지로 매사에 자신감이 없고 자신이 무시당할지도 모른다는 불안을 품고 사는 사람도 '내가 바보 취급당하지 않을까?', '우습게 보이지 않을까?' 생각하며 상대방의 사소한 언행에도 저 사람이 '나를 바보 취급한다.', '나를 우습게 본다.'며 왜곡된 해석을 내놓기 쉽습니다.

남을 잘 믿지 못하는 성향과 무시당할지도 모른다는 불안감이 합세해 날카로운 공격성을 만들어내는 것이죠.

마음속 '모니터 카메라'가
고장 났다

남에게 상처가 되거나 상대가 불쾌해할 말을 태연스럽게 해서 분위기를 망치는 사람은 어딜 가나 있습니다. '그런 말을 하면 어떡해…' 하며 당황한 주변 사람들은 어떻게 해서든 화제를 바꾸고 분위기를 만회하려고 노력하는데 정작 본인은 "내가 뭘?" 하며 마치 아무 일도 없었다는 듯이 평온한 표정을 짓고 있죠. 주변에 이런 타입이 있으면 매 순간 좌불안석에 긴장이 돼서 제정신으로 있을 수 없을 것입니다.

또 이런 사람은 어떨까요? 하는 말마다 자기 자랑을 늘어놓는 사람이죠. 매일 반복되는 자기 자랑을 들어주는 것만큼 곤욕스러운 일도 없을 겁니다. 주변 사람들은 '또 시작'이라며 질린 듯한 표정을 짓지만 정작 본인은 아랑곳하지 않고 잘난 척을 해댑니다. 그래서 주변 사람들은 그가 '어딘가 모자란 사람'일 거라고 여기지만 답답하게도 정작 본인은 자신의 잘난 척이 실은 오히려 모자라 보인다는 것을 전혀 눈치채지 못합니다.

이런 타입의 사람을 우리는 '자기 모니터링 Self-monitoring' 이 불가능한 사람이라고 말합니다. 심리학자 마크 스나이더 Mark Snyder 는 자신의 감정을 드러내는 행동이나 자기제시 Self-presentation(좋게 평가받기 위해서 자신의 모습을 꾸며서 상대에게 전하는 일)를 조절하는 능력에는 개인차가 있다고 지적하고 이런 개인차를 설명하는 '자기 모니터링'이라는 개념을 주장했습니다.

좀 더 알기 쉽게 설명해서 '자기 모니터링'이란 자신의 말이나 행동에 대한 주변의 반응을 살피면서 자신의 언행이 적절한지를 확인하는 심리 기능을 말합니다. 즉, 자신의 모습과 그에 대한 주변 사람의 반응을 마음속의 모니터 카메라에 비추면서 확인하는 것이죠.

자기 모니터링이 제 기능을 한다면 주변 사람의 반응을 통해 부적절한 자신의 언행을 확인하고 바꿔나갈 수 있습니다. '내가 뭔가 실수했나?', '이런 상황에서 하면 안 되는 말이었나?' 하며 다음번에는 같은 말이나 행동을 반복하지 않게 되는 것이죠. 그러나 타인의 기분을 상하게 하는 말을 하고도 아무렇지 않은 사람은 자기 모니터링이 제 기능을 하지 못하는 것입니다. 마찬가지로 주변 사람들이 진저리를 치는데도 자기 멋대로 하고 싶은 말만 마구 늘어놓는 사람도 자기 모니터링이 제 기능을 하지 못하는 것이고요.

두 경우 모두 마음속의 모니터 카메라가 고장난 것이죠. 상대방의 모습을 살피면서 본인의 언행이 적절했는지를 확인하지 못하기 때문에 상대방을 불편하게 하거나, 질리게 하거나, 상대방에게 상처를 주는 것입니다. 물론, 이들에게 악의가 있는 것은 아닙니다. 단지 이들은 본인의 부적절한 언행을 알아차리지 못해서 고칠 수 없을 뿐이죠. 그러나 몰랐다고 해서 모든 게 용서될 수는 없습니다.

"그걸 꼭 말로 해야 알아?"라는 마음

말로 정확하게 의사를 표현하지 않고 마음속에 불만을 차곡차곡 담아두는 타입도 상당히 피곤합니다. 불만이 있는 듯, 하고 싶은 말이 있는 듯 우물쭈물하면 누구나 이렇게 말할 것입니다.

"불만이 있으면 말해줘. 말해줘야 어떻게든 할 수 있지. 아무 말도 안 하면 방법이 없어."

괴롭힌 적도, 무시한 적도 없는데 피해 의식이 있는 것처럼 느껴지는 사람들입니다. 이 사람들은 어리광이 심한 사람이죠. 겉으로는 아무것도 바라지 않는 것처럼 행동하지만 그 속은 온갖 불만으로 가득 차 있습니다. 그럼 도대체 이들의 마음을 가득 채운 불만이 어떤 것들인지 알아볼까요? 바로 상대방이 본인의 기대에 부응해주지 않는다는 것에 대한 불만입니다.

이들은 자신이 말로 표현하지 않아도 상대방이 본인의 생각을 알아차리고 먼저 다가와 달래주길 바랍니다. "혹시 이런 게 힘들거나 불편해?", "내가 이렇게 하면 네가 스트레스 받겠지?" 하며 일일이 알아주고 확인해주길 바라는 것이죠. 하지만 다른 사람이 말로 표현하지 않은 자신의 머릿속 생각까지 알아차린다는 것은 불가능에 가까운 일입니다.

요청 사항이 없냐고 물을 때는 없다고 하더니 나중에 "우리 팀 상사는 부하직원이 힘들어도 도와주지 않는다."는 소문이 퍼져서 놀랐다는 사람도 있습니다. 당장이라도 찾아가 "요청 사항이 있으면 말해달라고 했는데 없다고 했잖아!"라며 따지고 싶겠지만 이런 일은 상사가 부하직원의 '말'에만 집중했기 때문에 벌어진 일입니다. 부하직원은 입으로는 없다고 말했지만 사실은 요청 사항이 있었던 것이죠. '표정으로, 태도로 표현하고 있는데 굳이 말로 해야 하나?' 하는 잘못된 생각을 가지고 있는 것입니다. '비뚤어진 어리광' 정도로 해석할 수 있겠네요. 생각만해도 피곤하고, 상대할 생각에 지칩니다.

'말 안 해도 알아주겠지'라고 믿고 있다

'어리광[1] 이론'을 주장한 정신분석학자 도이 다케오土居健郎는 어리광의 심리적 원형을 유아기에서 찾을 수 있다고 말했습니다. 그리고 자신의 책《아마에의 구조》[2]에서 어리광에 대해 이렇게 정의했죠.

"어리광은 만나면 언젠가는 헤어져야 한다는 사실을 부정하고 분리의 고통을 회피하려는 것이다."

즉, 부모와 자녀 사이라고 해도 일심동체일 수는 없는데 서로가 분리된 개체라는 엄연한 사실을 받아들이기 어려워서 '일체감'이라는 환상에 기대려는 심리가 어리광의 원인이라는 것이죠. 또한 도이 다케오는 엄마 젖을 물고 놔

---

1   일본어로 '아마에(甘え)'. 우리말로 '어리광', '응석' 정도로 해석이 가능하다.
2   도이 타케오,《아마에의 구조》, 한일문화교류센터, 2001.

주지 않거나 젖을 씹는 등 아이들이 보이는 행동이 단순한 공격 본능의 발현이 아니라고 주장합니다. '엄마에게 거절당했다고 느꼈기 때문에' 아이의 공격적인 본능이 드러난 것이라고 지적합니다. 다시 말해, 아이의 분노는 자신의 의존 욕구를 충분히 만족시켜주지 못하는 엄마에 대한 불만인 것이죠.

이렇듯 어리광은 개개인이 모두 분리되어 있다는 냉정한 현실을 받아들이고 싶지 않으며, 심리적인 일체감만을 원하는 사람들의 비뚤어진 표현 방법입니다. 이들은 서로가 하나이기 때문에 굳이 말로 표현하지 않아도 알아주는 것이 당연하다고 생각하죠. 하지만 그런 기대가 어긋나면 이들은 '배신당했다는 기분'에 휩싸여서 공격적으로 변합니다.

도이 다케오에 의하면 상대방이 어리광을 받아주지 않았을 때 이런 타입의 사람들은 토라지거나, 비뚤어지거나, 삐치거나, 원망하는 등 가지각색의 모습을 보이는데 그런 심리 안에는 피해 의식도 포함된다고 합니다. 즉, 어리광을 받아주지 않으니까 토라지는 것인데, 토라지면서 어리광을 부린다고도 말할 수 있습니다. 그 결과로 반항하거나 난폭하게 행동하기도 하죠. 본인이 부당한 대우를 받았다고 오해했을 때에는 비뚤어진 행동을 하는데 이는 본인의 어리광을 상대방이 받아줄 것이라는 기대가 빗나갔기 때문입니다. 또, 삐쳐서 아예 상대방에게 등을 돌려버리기도 합니다. 상대방에게 적의를 드러내며 원망하기도 하죠.

이처럼 자신의 어리광이 본인의 생각처럼 상대방에게 받아들여지지 않았을 때 이들이 느끼는 다양한 감정 중에는 '피해 의식'이 크게 자리잡고 있습니다. '굳이 말하지 않아도 알아줄 거야.', '나를 신경 써줄 거야.'라고 잔뜩 기대하고 있었는데 상대방이 그런 어리광을 받아주지 않으면 욕구 불만으로 이어져 공격성을 드러내는 것이죠.

"왜 헤아려 주지 않는 거지?", "좀 알아주면 안 돼?", "말로 해야 알다니 너무하잖아!" 아주 공격적인 것처럼 보이지만 사실 실제 내용은 어리광과 크게 다르지 않습니다. 이처럼 얼핏 보면 공격적인 태도가 어리광과는 정반대의 것처럼 느껴질 수 있지만 사실 같은 원인에서 발생하는 경우가 많습니다.

필요 이상으로
상대방의 눈치를 본다

사소한 일에 상처받는 사람도 상대하기 피곤합니다. 업무상 실수가 발견되어 한마디 하면 과하게 의기소침해지죠. "이런 실수는 곤란해. 정신 좀 차리고 잘 해봐. 부탁할게."라고 말했을 때 이런 타입의 부하직원은 자신이 비난받았다고 오해할 수 있어서 어떻게든 이 사람에게 좋은 말도 함께 해줘야 한다는 생각에 골치가 아픕니다.

"그렇게 큰 실수는 아니야."

"같은 실수를 반복하지만 않으면 되지. 괜찮아."

"다른 부분은 아주 좋아. 문제없더라!"

필사적으로 격려해줘야 하죠. 그래서 이 사람에게 조언을 하거나 지적하는 일은 되도록 피하게 됩니다. 하지만 업무상 어쩔 수 없이 혼을 내거나 조언을 해야 할 때가 있는데 이런 타입의 사람이 부하직원일 때는 막막해집니다. 바로 눈앞에서 주눅드는 모습을 보는 것도 난감하고, 쓴소리를 들은 후에 갑자기 이튿날부터 휴가를 내서 일에 차질이라도 생기는 날에는 더 피곤해질 것이 뻔하기 때문에 해야 할 말도 뒤로 미루고 맙니다. 그렇다고 잘못된 부분을 계속 넘어가주다가는 좋은 직원을 키워낼 수 없습니다.

그렇다면 이런 타입은 왜 쉽게 상처받는 것일까요?

모든 일에 신경이 예민한 성격과도 깊은 관련이 있습니다. 성격 이론으로 유명한 심리학자 한스 위르겐 아이젠크 Hans Jürgen Eysenk 은 내향적이고 신경질적인 성향이 강한 사람의 특징 중 하나로 이들이 '상처받기 쉽다는 점'을 지적했습니다.

이들은 성격상 타인의 언행에 늘 신경이 곤두서 있습니다. 사소한 것에 일희일비하거나 낯선 상황에 크게 동요하는 등 민감하게 반응하죠. 너무 민감한 나머지 대다수가 대수롭지 않게 생각하는 것에도 쉽게 동요하고 감정적인 반응을 보입니다. 풍부한 감수성이 오히려 독이 되는 것이죠. 특히 별 의도 없이 내뱉은 다른 사람의 말에 '도대체 저 사람의 말은 무슨 의미일까?' 하며 과하게 신경을 쓰거나, '왠지 기분이 나빠!' 하며 속으로 앓거나, 너무 깊은 의미를 부여하기도 합니다.

자기만의 세계에서 혼자 상처받는 사람

이들은 타인의 언행에 과민하게 반응하는 것은 물론, 본인의 언행이 적절한지에 대해서도 민감하게 의식해서 본인의 언행에 대한 상대방의 반응까지 예민하게 살핍니다. 상대방의 반응을 힐끗힐끗 살피며 '혹시 내가 기분 나쁘게 행동했나?', '혹시 내가 마음을 상하게 했나?', '혹시 내가 상처를 줬나?' 필요 이상으로 상대방의 눈치를 봅니다.

이렇게 과도하게 대인관계에 신경을 쓰다 보면 지치기 마련이죠. 그러니 이들은 점점 다른 사람과의 만남에 소극적일 수밖에 없습니다. 이런 타입과 엮이면 피곤해지는 이유는 이들이 자신의 감수성이 비정상적으로 과민하다는 것을 잘 모르기 때문입니다.

선배가 후배의 서툰 업무 방식에 조언을 해주고 개선할 점을 지적하는 것은 너무나 당연한 의무입니다. 그런데도 이런 타입의 사람들은 그저 '지적받았다.', '혼났다.'는 생각에 크게 동요하고 '이제 나는 끝장이야.', '나는 왜 이렇게 잘하는 게 없을까?' 생각하며 세상을 다 산 사람처럼 풀이 죽어서 일에 집중하지 못합니다. 심한 경우에는 휴가를 내고 잠적하기도 하죠. 정작 선배는 그를 추궁하거나 비난할 의도가 없었는데도 말입니다.

이렇게 되면 난감한 상황은 또 있습니다. 선배에게는 사실상 아무런 잘못이 없는데 속사정을 모르는 다른 부서 사람들이 '선배가 막말을 퍼부었나 보다.', '직장 내 괴롭힘이 있었던 것 아니야?' 하는 의심의 눈초리를 보내기 시작한다는 것입니다.

비슷한 상황은 일상에서도 종종 벌어지죠. 가령, 친구나 연인이 일이 많아서 만나자는 제안을 거절할 수밖에 없었는데도 '나랑 있는 게 재미없나?', '분명히 다른 사람하고 약속이 있는 거야.'라고 곡해하고 혼자 상처받는 일 말입니다. 이런 타입에게는 아무 생각 없이 말을 건넸다가 상처를 주면 귀찮은 일이 생기기 때문에 '이렇게 말하면 괜찮을까?', '이렇게 말하면 오해하려나?' 더 신중해집니다.

나보다 잘된 사람은 전부
'운이 좋아서'라고 생각한다

 기분 나쁜 말을 자주 하는 동료 때문에 피곤한 일도 많습니다. 매출 실적이 좋아서 상사에게 칭찬받는 동료를 보고 "관리하는 거래처가 좋은 거야. 거기는 딱히 영업할 필요가 없거든."이라며 노골적으로 찬물을 끼얹는 타입의 사람들입니다. 물론, 뒷담화도 기분 나쁘지만 면전에서 그런 말을 듣는 것도 썩 유쾌한 일은 아닙니다.

 친하게 지내는 동료라고 해서 예외는 아니죠. 사내에서 새롭게 시작하는 프로젝트 구성원으로 발탁됐는데 평소 친하게 지내던 다른 부서 동기가 이렇게 말했다고 상상해

봅시다.

"너는 붙임성이 좋아서 윗사람들이 예뻐하나 봐. 좋겠다. 좋겠어!"

능력과 상관없는 이유로 프로젝트에 발탁됐다는 듯이 초를 치는 말이죠. '친한 동료한테까지 왜 저러지?' 하는 생각이 먼저 들 것입니다. 비슷한 일은 물론 사적인 관계에서도 종종 발생합니다.

저에게 상담을 오신 분 중에는 이런 분도 있었습니다. 친한 학부모들끼리 친목을 위해 모인 모임에서 '젊고 좀 예쁘다고 나댄다.'는 소문이 돌아서 불쾌했다는 것입니다. 그는 자신이 젊다고 잘난 척을 한 적이 전혀 없고, 오히려 모임의 막내라서 나름대로 배려를 많이 하는 편이었다고 말합니다.

오히려 "젊으니까 괜찮죠?"라며 힘쓰는 일을 모조리 자신에게 떠넘기거나 집단 내 괴롭힘처럼 본인에게만 힘든 일을 맡겨도 불평 한마디 하지 않았다고 합니다. 심지어 모임 일이 아닌 개인적 업무를 볼 때도 차를 태워달라고 요구해서 집까지 픽업을 갔던 경험도 있다고 합니다.

상황이 이러한데도 나쁜 소문이 돈다는 것은 누가 봐도 '관계성 공격'입니다. 그녀는 자신이 왜 이런 말까지 들어야 하는지 도무지 납득할 수 없다고 하소연했습니다. 나쁜 소문이 도는 것은 물론 면전에 대고 기분 나쁜 말을 하는 경우도 있었습니다. 나름 친하다고 생각했던 학부모가 이렇게 말한 것이죠.

"내가 그렇게 우습게 보여요? 대학 나왔다고 잘난 척하는 건가요? 정말 기분 나쁘네요."

이 말을 면전에서 들은 사람은 이거야말로 뒤통수를 세게 맞은 기분이었다고 합니다.

"뭐야? 맨날 비싼 옷만 걸치고 다니면서 남편이 돈 잘 번다고 저렇게 자랑이 하고 싶을까?"라는 생각지도 못했던 말을 듣고 씁쓸한 기분이 들었다는 사람도 있습니다. 이런 사례는 젊은 동료나 예쁜 친구, 학력이 좋은 지인, 잘사는 이웃에 대한 강한 질투심에서 비롯된 공격이라고 볼 수 있습니다.

친한 사이일수록 이런 경향은 더욱 강해집니다. 직장 동료나 친구처럼 자신과 비슷한 상황이나 입장에 있는 사람을 비교 대상으로 의식하는 것이죠. 나와 크게 관련이 없는 사람이라면 아무 신경도 쓰이지 않겠지만 가까이에 있는 사람일수록 비교 의식이 강하게 작용해서 '그 사람에 비하면 나는….' 하는 생각이 들기 시작하고, 무심코 상대방을 끌어내리는 행동을 하고야 마는 것입니다.

'나'를 평가하는 2가지 잣대

심리학자 에이브러햄 테서Abraham Tesser는 '자기평가 유지Self-evaluation maintenance' 모델을 주장했습니다. 자기평가 유지 모델은 인간이 자기평가(자신의 능력이나 특성을 스스로 판단하는 활동)를 유지하거나 높이는 행동을 취한다는 것을 전제로 합니다. 그는 대인관계에서 자기평가를 높이거나 낮추는 2가지 심리 과정으로 '반영 과정'과 '비교 과정'을 대비하여 설명하고 있습니다.

먼저, '반영 과정'이란 가까운 사람의 뛰어난 점이나 성과를 통해 자기평가를 높이는 것을 말합니다. 뛰어난 사람과 본인을 동일시함으로써 자기평가를 높이는 것이죠.

가령, 친구나 지인이 올림픽 국가대표 선수로 주목을 받거나 뉴스 캐스터로 활약하는 모습을 보고 내가 저 사람과 친하다는 것을 주변에 알리고 싶어 하는 심리입니다. 이제 껏 딱히 친하다고 생각해본 적은 없지만 그 사람의 뛰어난 성과를 보고 갑자기 주변에 내가 그 사람과 친하다고 떠벌 리고 싶은 마음이죠. 우리는 이런 행동을 통해서 자기평가 를 높입니다. 즉, 자기평가를 높이기 위해서 뛰어난 성과 를 내는 친구나 유명해진 지인과의 심리적 거리를 좁히는 것입니다. 유명해지자마자 그동안 교류가 전혀 없었던 친 척이나 친구들에게 연락이 왔다는 이야기를 종종 듣게 되 는데, 이것이 바로 반영 과정을 통해서 자기평가를 높이려 는 심리가 작용한 사례입니다.

한편, '비교 과정'은 가까운 사람의 뛰어난 점이나 성과 를 자신과 비교해서 자기평가를 낮추거나, 반대로 가까운 사람의 열등한 점이나 별 볼 일 없는 성과를 자신과 비교 해서 자기평가를 높이는 마음의 움직임을 말합니다.

예를 들어, 친구나 지인이 사회인 야구팀에서 활약하거 나 회사에서 승진하는 모습을 봤다고 해봅시다. 이때 '쟤 는 저렇게 잘나가는데 나는 뭐 하는 거지?', '너무 부럽다.

그에 비하면 나는….' 하며 풀이 죽는 사람은 당연히 자기 평가를 낮추게 되죠.

반영 과정과 비교 과정 중 어느 쪽의 심리 과정이 작동할지는 그때의 상황이나 그 일에 본인이 얼마나 관여했느냐(일을 중요시하고 일에 관심을 두는 정도)에 따라서 결정됩니다. 그래서 본인에게 중요한 의미를 갖는 일의 경우에는 반영 과정보다 비교 과정이 활성화되기 쉽습니다. 이런 경우에는 가까운 사람의 뛰어난 점이나 성과에 의해서 자기평가가 낮아지기 때문에 관여도를 낮추거나 심리적 거리를 멀어지게 하려는 심리적 움직임이 작동하죠.

예를 들어, 이성에게 인기가 많았으면 하고 바라는 사람은 외모에 관심이 많아서 주변에 예쁘거나 잘생긴 사람이 있을 때 비교 과정이 활성화됩니다. '아, 정말 너무 부럽다. 그에 비하면 나는 오징어네, 오징어!'라며 자기평가를 낮추는 것이죠. 또한 이때 받은 상처를 최소화하기 위해서 '외모는 그리 중요하지 않다.'며 외모의 중요성을 낮게 평가하거나 잘생긴 사람에게 냉랭한 태도를 보임으로써 심리적 거리를 두기도 합니다. 이렇게 심리적 거리가 멀어지면 비교 과정이 활성화되기 어려워서 자기평가를 낮추지 않아도 되기 때문이죠.

"저 사람은 인기 좀 많다고 으스대더라."라며 험담을 늘어놓는 것도 자신의 자기평가를 낮춘 사람에 대한 분노의 화풀이이자 심리적 거리를 멀어지게 하려는 애타는 시도라고 볼 수 있습니다.

친구 사귈 때도 적용되는 이야기

이번에는 반영 과정 이야기를 좀 더 자세히 해보려고 합니다. 반영 과정은 본인에게 그다지 중요하지 않은 속성이나 일의 경우에 활성화되기 쉽습니다. 이런 경우에는 친구나 지인의 뛰어난 점이나 성과에 의해서 자기평가가 높아지기 때문에 자신의 관여도를 더욱 높이거나 심리적 거리를 더욱 좁히려는 움직임이 나타나죠.

예를 들어, 프로야구선수가 되는 것이 꿈인 사람의 경우에 친구가 전국 야구 시합에 출전하면 '대단하다. 그에 비하면 나는 전혀 가망성이 없네.' 하는 비교 과정이 활성화되어 자기평가의 저하로 이어집니다. 그러나 연구직을 꿈꾸는 사람에게 스포츠는 별로 중요하지 않은 분야이기 때문에 반영 과정이 활성화되고 "저 선수가 제 친구예요!"라며 주변 사람들에게 자랑을 늘어놓게 되는 것이죠. 그 말을 들은 주변 사람들이 "정말요? 대단한 친구를 두셨네요."라고 말하면 그 사람의 자기평가는 더욱 높아집니다.

그런데 이보다 더 놀라운 사실이 있습니다. 우리는 친구를 사귈 때도 자기평가 유지에 유리한 쪽으로 친구를 선택한다고 합니다. 즉, 본인에게 중요한 영역에서는 본인보다 열등한 친구를, 본인에게 중요하지 않은 영역에서는 본인보다 뛰어난 친구를 선택하는 경향을 보인다는 것이죠. 정말 놀랍습니다. 이는 우리가 무의식적으로 비교 과정과 반영 과정에 의해 자기평가 유지에 적합한 친구를 선택한다는 증거라고 할 수 있습니다. 아무튼 비교 의식이란 여러모로 피곤한 것 같네요.

'내가 훨씬 더 잘났다'는 긍정적 착각

이런 와중에 특히 더 피곤한 타입은 노력하기 싫어하는 사람입니다. 이런 타입은 비교 의식이 활성화됐을 때 분발

해서 노력하기보다는 상대방을 공격하고 끌어내리려 하죠. 주변 사람에게 좋은 일이 있을 때마다 "저 사람은 운도 좋아!", "이건 불공평해!"를 입에 달고 사는 사람들입니다. 이들이 이런 상황을 불공평하다고 느끼는 것은 가까운 사람에 대한 비교 의식에서 비롯됩니다.

예를 들어, 누군가 복권을 사서 1,000만 원에 당첨됐다고 해봅시다. 그 누군가가 전혀 모르는 사람이라면 비교 의식은 활성화되지 않을 것이고, 어떤 감정도 느끼지 못하겠죠. 하지만 복권에 당첨된 사람이 매일 보는 직장 동료나 친구라면 얘기는 달라집니다. 비교 의식이 활성화되어 이렇게 생각하게 될 것입니다.

'걔가 1,000만 원에 당첨되다니, 말도 안 돼. 나는 1만 원도 당첨된 적이 없는데! 너무 불공평해!'

우연의 산물인 복권인데도 당첨된 사람을 두고 불공평하다는 생각을 하게 되는 것입니다. 그러니 하물며 일이나 연애에서는 어떨까요? 잘되는 사람에게 불공평하다는 감정을 품기가 더욱 쉽겠죠.

예를 들어, 좋은 실적을 올려서 상사에게 칭찬받는 동료

가 있을 때 자신이 실력을 키우려는 노력은 하지 않고 무조
건 그 동료가 운이 좋은 것이고, 모든 것이 불공평하다고 말
하며 비난하는 경우입니다. 이러면 정말 답이 없습니다.

　이들은 한마디로 발전하고자 하는 마음이 아예 없는 사
람입니다. 발전하고자 하는 의지가 강해서 실력을 키우고
자 노력하는 타입은 성과를 올린 동료에게 자극을 받고 본
인도 열심히 하려고 애쓰죠. 물론 상황이 불공평하다고, 동
료가 운이 좋았다고 생각하지도 않을 것입니다. 그저 동료
를 부러워하면서 분발하겠죠. 그런데 노력하기를 싫어하
는 타입은 상대방이 열심히 노력한 모습은 보려 하지 않고
그저 모든 상황이 자신에게만 불공평하다고 불평합니다.
그리고 이런저런 트집을 잡으며 그 사람을 흠집 내려 하죠.

　물론, 사람이 언제나 이성적일 수는 없습니다. 감정에
흔들리는 경우도 많죠. 그러나 이런 타입의 사람들은 정작
본인이 얼마나 꼴사나운 짓을 하고 있는지는 자각하지 못
한 채 진심으로 불공평하다고 느낍니다. 이런 모습이 주변
사람들의 눈에 얼마나 우스꽝스러울지는 전혀 생각하지
못하는 것이죠.

이는 사람이라면 누구나 '긍정적 착각 Positive illusion'에 빠지기 때문입니다. '긍정적 착각'이란 자신의 능력이나 성과를 과대평가하는 인지왜곡을 말합니다. 본인의 능력이나 성과를 과대평가하기 때문에 나보다 잘되는 다른 사람을 보며 불공평하다는 생각을 하고 공격적인 언행을 드러내는 것이죠. 내가 훨씬 더 잘났는데 '쟤가 나보다 더 좋은 대우를 받다니!', '쟤가 나보다 더 돈을 잘 벌다니!' 하고 불만을 품는 것입니다.

이렇게 우리 마음속에 늘 존재하는 비교 의식은 아주 피곤한 것입니다. 특히 비교 의식이 강한 타입은 그들의 비교 의식을 자극하지 않도록 특별히 신경써야 하기 때문에 더더욱 얽이면 피곤하죠.

흘러넘치는 자기애,
근거 없는 자신감

안 되는 것을 알면서 밀어붙이거나 특별대우를 당연하게 여기는 사람을 겪어보신 적이 있나요? 이런 타입은 자기애가 강한 만큼 본인이 특별하다는 생각도 아주 강합니다. '나처럼 대단한 사람한테 이 정도 대우는 당연하지!', '난 소중하니까 특별하게 잘 모셔야지.' 하는 낯부끄러운 생각을 잘도 하는 사람들입니다.

물론, 막무가내로 밀어붙이는 억지스러운 타입이 아니더라도 엮이면 피곤해지는 사람은 있습니다. 딱히 성과가 좋은 것도 아니고 주변 사람들의 눈에도 유능해 보이지 않는데 어처구니없게도 항상 칭찬을 기대하는 사람들입니다. 남들도 비슷한 수준, 혹은 그 이상으로 좋은 성과를 내고 있는데 "내가 해냈다!"며 자신만만한 태도로 보고하러 와서는 상사가 당연히 엄청난 칭찬을 해줄 거라는 기대감을 드러냅니다. 이들은 주변 사람들이 "역시 ○○는 달라!", "잘했어!", "대단해!"와 같은 반응을 보이면 만족스러운 표정으로 다음 업무에 착수합니다. 그런데 만약 상사가 칭찬 한마디 없이 "다음으로는 이걸 부탁해요."라며 다른 업무를 주면 불만스러운 표정으로 입이 삐죽 나오거나 일에 집중하지 못합니다. 매사에 칭찬을 받아야 의욕적으로 움직이는 타입인 거죠.

이런 타입은 피곤하긴 하지만 일단 칭찬을 해주면 큰 문제가 생기지는 않기 때문에 도를 넘지 않는 선에서 적당히 칭찬해주면 됩니다. 물론, 사람은 누구나 칭찬받으면 기분이 좋고 의욕도 샘솟습니다. 누구나 자기 자신은 특별한 존재이기 때문에 어느 정도의 자기애는 강하든 약하든 모든 사람에게 있습니다. 그런데 본인이 특별하다는 의식이 비뚤어진 형태로 나타나기 시작하면 아주 피곤한 일이 벌어집니다.

예를 들어, 잡일을 하려고 하지 않는다거나 평가로 이어지지 않는 기초 작업을 다른 사람에게 떠넘기는 타입이 그렇습니다. 평가받지 못할 만큼 기초적인 업무가 주어지면 이 사람들은 동료에게 "미안하지만 빨리 끝마쳐야 해서 그런데, 이것 좀 해주지 않을래?"라며 일을 떠맡기고 도망쳐버립니다.

상사에게 평가받지 못할 만한 일, 본인이 생각했을 때 그저 그런 일을 남에게 태연하게 떠넘기는 행동은 자신이 남들과는 다르다고 생각하기 때문에 하게 됩니다. '나는 잡일을 할 사람이 아니다.', '나는 좀 더 창의적이고 중요한 일을 맡아야 한다.'는 오만한 태도인 것이죠. 다른 사람에게 잡일을 떠넘긴 사람들은 그럼 무슨 일을 할까요? 어이없게도 자료실에서 업무 관련 잡지를 보거나 자기계발서를 읽는 등 딱히 급한 일을 하는 것도 아닙니다. 이 지점에서 더욱 열이 받습니다.

간혹 중요한 일을 다른 사람이 맡으면 이 타입의 사람들은 "왜 내가 아니야?" 하는 날카롭고 반항적인 태도를 보이기도 합니다. 때로는 상사나 그 일을 맡은 사람에게 듣기 거북하거나, 초치는 말을 던지기도 하죠.

무시당한다는 것에 대한 깊은 불안감

이렇게 자기애가 강한 타입을 두고 주변 사람들은 이렇게 말하기도 합니다.

"저 사람은 프라이드가 너무 강해서 상대하기 힘들어."

그런데 여기서 '프라이드'를 '자긍심'이나 '자신감'으로 해석하면 안 됩니다. 놀랍게도 이들은 실제로 자긍심이나 자신감이 없기 때문에 불안한 것입니다. 그래서 주변 사람들이 치켜세워줘야 비로소 비참한 기분에서 빠져나올 수 있고, 본인의 존재가 무너지지 않는다고 느낍니다.

안타깝게도 남에게 칭찬받거나 특별한 대우를 받음으로써 없는 자긍심이나 자신감을 조금이라도 높이고 싶은 심리 메커니즘이 작용하고 있는 것입니다. 진짜 자긍심과 자신감이 있는 사람이라면 굳이 칭찬이나 특별대우를 바라지 않습니다. 그런 것들이 없어도 큰 불만 없이 안정적이기 때문이죠. 본인이 중요한 역할을 맡지 못했을 때 뜻밖에 공격성을 드러내는 것도 자신의 능력에 대한 자신감이 없다는 방증입니다. 자긍심과 자신감이 있는 사람이라면 기대를 벗어난 상황 때문에 낙심은 할지라도 꼴사나운 모습은 보이지 않을 것입니다.

감정적인 반응이 보기 흉하다는 사실은 누구나 압니다. 그런데도 감정적인 반응을 드러내는 것은 '나를 바보 취급하지 마!'라는 생각이 부끄러움보다 더 강하기 때문입니다. 이런 생각이 강하게 드는 이유는 '무시당한다는 것에 대한 불안감'이 잠재의식 속에 뿌리 깊이 존재하기 때문입니다. 그래서 자기 모니터링이 제 기능을 하지 못하는 것이죠.

언뜻 생각하기에 자기애가 과한 타입은 늘 자신만만한 태도를 보일 것 같지만 사실은 전혀 그렇지 않습니다. 괜한 허세를 부리거나, 존중받지 못했을 때 삐치고 화를 내는 등 불안정한 모습을 보이죠. 생각만 해도 아주 피곤합니다.

이런 불안정한 모습이야말로 자기애가 과한 사람의 특징입니다. 자기애가 과한 타입은 비현실적일 정도로 자기

평가가 높습니다. 이는 이들이 현실과 동떨어져 있기 때문에 가능한, 다시 말해서 '근거 없는 자신감'이라고 할 수 있습니다.

일부러 거만하게 행동하거나, 잘난 척을 하며 이야기하거나, 치켜세워주지 않으면 삐치고 화를 내는 것도 사실은 자신감이 없기 때문입니다. 다른 사람들에게 솔직한 마음을 보여주며 친하게 지내지 못하고, 본인을 포장해서 속마음을 감추거나 남을 조종하려는 것도 자신감 없는 본인의 모습을 주변 사람들이 알아차리지 못하게 하려는 것이죠. 어떻게 보면 조금 짠하기도 합니다.

필요 이상으로 벌벌 떠는 사람의 정체

실패를 과하게 두려워하는 사람이나 매사 의기소침한 사람도 사소한 실수에 금세 풀이 죽기 때문에 끊임없는 위로와 격려가 필요합니다. 이들은 "내가 잘할 수 있을까?", "엄청 큰 실수를 하게 될 것만 같아." 하며 걱정하고 또 걱정합니다. 또한 매사에 자신감이 없고 주저하는 일이 잦아서 일일이 용기를 북돋아주고 뒤에서 응원해줘야 합니다.

매우 피곤한 타입이죠.

이렇게 자신감이 없고 늘 불안에 떠는 사람은 앞에서 언급했던 자기애가 강한 타입의 '변종'이라고 볼 수 있습니다. 오히려 잘난 척하지 않고 겸손해서 자신감이 없어 보이기까지 하는데, 반전은 이들이 실제로는 본인에 대한 생각이 머릿속을 점령한 타입이라는 것입니다. 자신만 생각하기 때문에 남을 배려할 심적 여유가 없다는 의미에서 자기애가 과한 것이죠.

과거에는 자기애가 과한 타입이라고 하면 거만하고 본인의 뜻을 밀어붙이는 사람만 떠올렸는데, 최근에는 남에게 인정받지 못할 것이라는 불안감이 강해서 매사에 소극적인 사람도 자연스럽게 떠오릅니다.

이렇듯 두 타입 모두 자신감이 없다는 점에서는 동일하지만 왜곡된 자기애를 드러내는 방식은 사뭇 다릅니다. 이들이 자주 보여주는 자기애 노출 방법의 특징에 관해서는 심리학이나 정신의학계에서 다양한 연구와 논의가 이뤄졌고, 이 과정에서 자기애의 '양면성'이 지적됐습니다.

남에게 무신경하고 거만하며, 과시하여 주목받고 싶은

욕구가 강해서 노골적으로 칭찬을 바라는 측면도 있지만 남을 대하기 어려워 조심스럽게 행동하며 자신감이 없고, 무력감에 짓눌려서 남의 평가에 벌벌 떠는 소극적이면서 예민한 측면도 이 타입에 속하는 것입니다.

이 2가지 측면은 인간의 내면에 공존합니다. 자신만만하고 과장된 모습을 보이는 사람도 속으로는 자신감이 없거나 남의 평가에 불안해하죠. 그래서 허세를 부리고, 본인을 멋있게 포장하려 한다거나, 상대방이 본인을 우습게 봤다는 생각이 들면 격분하기도 합니다.

소극적이면서 신경이 과민한 사람도 마음속에 근거 없는 자신감을 품고 있어서 혹시나 다른 사람의 평가로 인해서 본인이 '부정당하면 어떡하지.' 하는 두려움 때문에 다른 사람의 평가에 벌벌 떨고 소극적인 모습을 보입니다.

2가지 측면 중 어느 쪽이 더 강한지에 따라서 자기애의 노출 방법은 달라집니다. 그래서 어떤 사람은 거만한 태도로 본인의 뜻을 밀어붙이는 무신경한 타입이 되고, 어떤 사람은 항상 불안에 떨며 예민하게 반응하는 소극적인 타입이 되는 것입니다.

엮이면 피곤해지는 사람 vs.
엮이면 피곤해지는 사람

여러분 주변에도 분명히 있을 법한 사람들에 대한 이야기를 해보려고 합니다. 자주 불합리한 요구를 하거나 이기적인 행동을 일삼는 구제불능들이죠. 이들의 특징을 간단히 살펴볼까요?

- 무리한 일을 밀어붙인다.

- 다른 사람의 공을 아무렇지 않게 가로챈다.

- 추후에 책임을 회피하기 위해서 명확한 지시를 내리지 않는다.

- 무슨 일이 생기면 "몰랐다."며 딴청을 부리고 다른 사람에게 책임을 전가한다.
- 이해타산적으로 접근하고 쓸모가 없어지면 가차 없이 버린다.

이런 타입의 행동 패턴은 이들의 가치관을 파악하고 나면 쉽게 이해할 수 있습니다. 보통 우리는 가치관이 180도 다른 사람을 '엮이면 피곤해지는 사람'이라고 느끼기 때문이죠.

'어쩜 저렇게 강압적일 수 있지?'

'저렇게 자기 멋대로 굴면서 얼굴색 하나 안 변하네. 부끄럽지도 않나?'

'노골적으로 책임을 회피하고서 민망하지 않나?'

'인맥, 인맥 운운하면서 이해타산적으로 인간관계를 맺다니! 저 사람 인생도 참 씁쓸하네.'

주변에 이런 생각이 들게끔 만드는 사람이 있다면 그 사람은 아마도 본인과 가치관이 다른 사람일 겁니다. 가치관이 다르면 그 사람의 행동을 이해하기 어려울 수밖에 없죠. 아니, 대부분은 납득하지 못한다고 말하는 게 맞겠네요.

'엮이면 피곤해지는 사람들'의 5가지 타입

독일의 교육학자이자 심리학인인 슈프랑거^{Spranger, Eduard}는 인간의 인생을 구성하는 중요한 가치 6가지를 뽑고, 그중에서 어떤 가치를 더 중요시하느냐에 따라서 인간을 6가지 타입으로 나눴습니다. 가치관에 따른 인간 유형을 정리한 것이죠.

그 6가지 유형은 바로 이론형, 정치형, 사회형, 심미형, 경제형, 종교형입니다. 다만, 이 중에서 '종교형'은 우리 현실의 모습과 조금 동 떨어진 부분이 있어서 여기서는 이를 제외한 나머지 5가지 유형을 알기 쉽게 설명해보려고 합니다.

──────────   **이치에 맞지 않으면 절대 납득할 수 없어!**

(Type 1. '이론형')

제일 먼저 알아볼 타입은 '이론형'입니다. 이 사람들은 진리를 탐구하고 사물의 이치를 알아내는 것처럼 추상적인 일에 관심이 많은 타입으로 모든 일에 이론적으로 결함이나 모순이 없는 것을 아주 중요하게 생각합니다. '이치에 맞는 것'이 아주 중요하고 이치에 맞지 않는 것은 납득하지 못하죠.

그래서 이 타입은 자신의 주변에서 일어나는 일을 모두 알고 싶어 하고, 이론적으로 이해하고 싶어 하는 욕구도 강합니다. 업무도, 인간관계도 자신이 이론적으로 납득할 수 있는 방향으로 진행되기를 바라기 때문에 이치에 맞지 않는 것을 극도로 싫어하죠.

이런 타입에게 '엮이면 피곤해지는 사람'은 너무 당연하게도 '이치가 통하지 않는 사람'입니다. 이들은 이론적으로 납득할 수 없는 일을 맡게 될 때도 강한 불만을 드러냅니다. 그러나 사람이 로봇도 아닌데 항상 이치대로 움직일 수는 없습니다. 어쩔 수 없이 이성보다 감정에 의해서 좌우되는 측면이 많을 수밖에 없죠. 호감이나 연민처럼 긍정적인 감정에 따라서 움직이기도 하고, 분노나 질투 같은 부정적인 감정에 따라서 움직이기도 하는 게 인간입니다. '이게 효율적인 방법은 아니지만 저 사람이 마음에 드니까…', '오늘은 비가 많이 와서 짜증이 나니까 운동을 쉬어야겠어.' 이렇게 감정적인 판단을 할 수도 있다는 것이죠.

그러나 이런 인간적인 면모와 거리가 먼 '이론형'은 '사회형'처럼 상대방의 기분을 배려할 수 없어서 사람들과 깊이 있는 심리적 교류가 이루어지지 않을 뿐만 아니라, '경제형'이나 '징치형'처럼 거래를 통해서 교섭력을 발휘할 수도 없어서 인간관계에 서툰 측면이 있습니다.

이런 특징 때문에 이론형 타입의 사람은 융통성 없는 '답답한 사람', 인간미 없는 '냉철한 사람', 유머 감각이 부족한 '따분한 사람'으로 비치고 주변 사람들이 멀리할 수밖에 없기도 합니다. 또 이런 사람은 잔머리를 잘 굴리는 사람이나 능구렁이 같은 면이 있는 사람에게 속거나 이용당하기 십상이죠.

모든 인간관계는 '지배-피지배'

Type 2. '정치형'

이 유형의 사람은 세상만사를 '지배-피지배'의 구도로 바라봅니다. 이들은 권력을 차지하는 것에 가치를 두죠. 권력욕이 강하고 본인의 힘을 항상 실감하고 싶어 합니다. 다시 말해, 이 타입은 남을 조종하거나 조직을 움직이고 싶어 하는 욕구가 강합니다. 본인의 뜻대로 사람과 조직을 움직이는 것에 '쾌감'을 느끼죠.

자, 이렇게 사람과 조직을 움직이려면 권력을 손에 쥐어야겠죠? 그러려면 다른 사람과의 경쟁에서 이겨야 하기 때문에 이들은 당연하게도 경쟁심이 강합니다. 주변 사람 모두를 경쟁자로 인식해서 유능한 인재가 있으면 싸워 이기려고 하죠. 권력을 차지하는 것이 최종목표이기 때문에 인생을 '투쟁의 장'으로 여기고 항상 승리자가 되어야 한다고 생각합니다. 벌써부터 피곤해집니다.

안타깝게도 이런 타입에게 본인보다 권력이 많은 사람은 싸워서 이겨야 하는 경쟁자이자 이용해야 하는 상대일 뿐입니다. 그래서 항상 이해타산적으로 행동하고, 상대방이 얼마나 강한 사람인지에 따라서 대하는 태도가 완전히 달라지기도 하죠. 한마디로 자신에게 이용 가치가 있는 사람과 관계를 맺으려고 한다는 겁니다. 반대로, 권력이 없거나 이용 가치가 없는 사람과는 친해지려고 노력하지 않고, 그런 사람에게 쓰는 시간을 '낭비하는 시간'이라며 가볍게 여기는 경향도 있습니다. 한편으로 이런 사람들의 삶이 쓸쓸하게 느껴지기도 하네요.

모두 잘 알고 있듯이, 권력 관계에서 본인보다 위에 있는 사람이 명령과 요구를 내리면 납득할 수 없더라도 따라야 하는 경우가 많습니다. 죽기보다 싫지만 따를 수밖에 없는 사람의 마음은 어떨까요? 아마 견딜 수 없을 만큼 힘들 겁니다. 이런 마음을 헤아리지 못하고 권력을 휘두르는 사람은 언젠가 생각지도 못했던 복수를 당하게 될지도 모르겠습니다.

_____ **사랑만이 모두를 구한다!**

(**Type 3. '사회형'**)

앞의 '정치형'과 달리 '사회형'은 다른 사람의 일에 관심이 많고, 사람들을 잘 도와주며, 마음을 나누는 일에 보람을 느끼는 타입으로 '사랑'과 '정'에 가치를 둡니다. 이 타입은 '우정'과 '애정'을 소중하게 생각하고 다른 사람과 더불어 살고자 하는 욕구가 강해서 모든 행동이 타인을 위하는 따뜻한 마음씨에서 우러나오죠. 놀랍게도 이들은 주변 사람에 대한 관심이 높고 공감 능력이 탁월해서 보상을 받지 못해도 남을 위해서 움직입니다.

이 타입은 다른 사람과의 만남을 아주 중요하게 생각하는데, 이런 점은 인간관계를 목적 달성을 위한 수단으로 이용하기 쉬운 '정치형'이나 '경제형'과 대조적입니다. 이해타산을 초월한 만남이 가능하고 신뢰 관계를 기반으로 한 만남을 소중하게 생각하는 사람들이기 때문에 '정치형'이나 '경제형'에 강한 반발심을 드러냅니다.

본인만 생각하지 않고 남을 배려하며 함께 살아가야 한다는 마음은 요즘처럼 자기중심적인 사고방식이 만연한 시대에 아주 소중한 것입니다. 다만, 이 타입의 사람은 '이론형'처럼 상황을 논리적으로 정리하거나 '심미형'처럼 냉정하게 상대방을 관찰하려는 노력이 부족해서 자칫 잘못하면 감정에 이끌린 질척한 인간관계에 휘둘리기 쉽습니다.

한편으로 이런 타입의 특징은 고독을 잘 견디지 못하는 성격과 관련이 있기도 한데, 그렇기 때문에 때로는 상대방이 이들의 관심을 간섭처럼 느껴서 답답해할 수도 있죠.

Type 4. '심미형'

다음으로는 아주 흥미로운 타입, '심미형'에 대해 소개해 보려고 합니다. 이들은 미(美)에 관심이 많은 타입으로, '미적 체험'과 '미의 구현'에 가치를 둡니다. 이 타입은 끊임없이 아름다움을 추구합니다. '아름답게 살고 싶다!'는 생각이 강하죠.

속세에 물들어 사리사욕을 채우기 위해 아등바등하는 모습을 보이는 것도 극도로 싫어합니다. 금전욕과 출세욕으로 가득 찬 세상을 '나와는 무관하다.'는 냉정한 태도로 바라보며 한 발짝 뒤에 물러서 있습니다.

이성적으로 생각하기보다 감정과 감각에 의존하는 측면이 있고, 쾌적한 생활을 추구하기 때문에 남들 눈에는 낭비처럼 보이는 분에 넘치는 소비를 하기도 합니다. 그리고 실용적인 측면은 전혀 고려하지 않고 취미를 즐기면서 사는 것이 이 타입의 특징이기도 해서 인생을 즐기는 데 아주 집착합니다. 취미를 즐기기 위해서는 자유로워야 하고, 그래서 인간관계에 휘둘리거나 조직에 얽매이는 것을 꺼려하죠. 조직에 잘 적응하지 못하기도 합니다.

한발 물러선 곳에서 다른 사람들을 관찰하려는 면이 있고서 현실의 복잡한 문제나 인간관계에 엮이는 것을 필사적으로 피하는데, 이런 태도가 때로는 타인에 대한 무관심과 냉정함으로 이어지기도 합니다.

이게 나한테 도움이 될까?

(Type 5. '경제형')

마지막으로 '경제형'입니다. 이 타입은 현실적인 이익을 중시하기 때문에 경제성이나 실용성에 가치를 둡니다. 매사에 '이게 나한테 도움이 될까?'를 가장 먼저 생각하죠. 그래서 뭘 배우더라도 '이론형'처럼 이해하는 것 자체에 가치를 두거나 이해한 것에서 만족하려고 하지 않습니다. 그것을 배워서 현실에서 어떤 이익을 만들어낼 수 있는지가 더 중요한 것이죠. 즉, 이 타입은 이익이 만들어지지 않으면 아무런 의미도 없다고 생각합니다. 실용성을 아주 중요하게 생각하는 것이죠.

그래서 본인에게 도움이 되지 않는 일에는 돈도, 노력도 투자하지 않습니다. 모든 상황을 실용적이고 현실적인 관점에서 바라보고 매사를 손익 계산으로 판단합니다.

그러나 이렇게 쓸데없는 노력이라면 아무것에도 투자하지 않는 태도는 '우물 안 개구리'처럼 세상을 편협한 시각으로 바라보게 하는 측면이 있습니다. 가령, 일을 하거나 돈을 버는 데 도움이 되는 실용서만 읽고 소설이나 에세이는 멀리하게 되는 것이죠. 당연히 순수 과학이나 예술에 1도 관심을 두지 않습니다. 이렇게 실용성에 대한 집착이 강한 타입은 유머 감각이 부족한 따분한 사람이 되기 십상입니다. 이 타입은 '정치형'처럼 이해타산적인 행동을 하는 경우도 많은데, 이런 측면은 순수하게 합리적인 행동을 취하려는 '이론형'과 남을 위해서 움직이는 '사회형', 물질적인 것에 아등바등하는 모습을 꺼리는 '심미형'의 반발을 사기 쉽습니다.

이렇게 가치관에 따른 인간의 다양한 유형을 알아두면 어떤 유형의 사람이 본인에게 '엮이면 피곤해지는 사람'인지를 훨씬 쉽게 파악할 수 있습니다. 강압적이고 이기적이면서 남을 태연하게 이용하는 사람이 피곤하게 느껴진다면 본인이 사람을 만날 때 애정과 교감을 중시하는 '사회형'일 수 있습니다. 마찬가지로 이해타산으로 사람을 사귀는 '정치형'끼리 만나면 서로가 서로를 이용할 테니 피곤하지 않겠죠. '정치형'의 입장에서는 '사회형'이나 '이론형', 또는 '심미형'이야말로 엮이면 피곤해지는 사람일 수 있습니다.

남에게 관심 없는 사람?
의외로 엮이면 피곤하다

사소한 일로 불같이 화를 내거나, 악의 없는 조언에 일일이 반발하거나, 적반하장으로 정색을 하는 사람은 상대하기 어렵고 일단 엮이면 피곤합니다. 무리한 일을 강압적으로 요구하고, 아무리 사정을 설명해도 이해하지 못하며, 본인의 뜻을 밀어붙이는 사람도 상대하기 힘들죠.

두 경우에 등장하는 사람들은 다른 타입일까요? 전혀 다른 타입 같지만 사실은 아주 큰 공통점이 있습니다. 바로 상대방의 의견이나 입장을 고려하지 못하는 사람들이라는 것입니다. 상대방의 의견이나 입장에 무관심하다고 할 수도 있겠네요.

그래서 상대방이 나름의 이유로 조언을 해줄 때도 전혀 이해하지 못하고 '불쾌하다.'는 본인의 기분만을 중요하게 생각하고는 펄쩍 뜁니다. 걱정되는 마음에 조언을 건넸을 때도 상대방의 배려를 이해하지 못하고 "내 방식이 틀렸다고?" 하며 예민하게 반응하죠. 상대방의 입장이나 상황을 고려할 수 없어서 아무리 설명해도 변명으로 받아들이고 본인의 생각을 밀어붙이는데, 정말 난감합니다. 한마디로 공감 능력이 부족한 것이죠.

공감 능력의 핵심은 '관점 취득'입니다. 관점 취득은 다른 사람의 관점에서 상황을 바라보는 것이죠. 이런 관점 취득이 불가능한 사람은 자기중심적인 관점에 빠져서 상대방의 관점에서 자신이 어떻게 보일지는 전혀 고려하지 못합니다. 아니, 이런 타입은 상대방의 입장을 고려해보려는 시도조차 하지 않습니다. '저 사람은 무슨 생각으로 저런 말을 나한테 해줬을까?', '내가 이렇게 행동했을 때 저 사람은 어땠을까?' 같은 생각을 전혀 하지 못하고, 하려고도 하지 않는 겁니다. 자신의 관점으로만 상황을 바라보고 판단하죠.

그래서 다른 사람이 조언을 해주거나 지적을 하면 강한 반발심을 드러내고, 원하는 것이 있으면 상대방의 사정 따위 안중에도 없이 막무가내로 밀어붙이는 것입니다.

이런 관점 취득도 공감 능력의 일종인데, 사람의 공감 능력은 '불안의 정도'와 깊은 관련이 있습니다. 불안을 강하게 느끼는 사람일수록 타인의 기분과 입장을 잘 이해하죠. 심리학자 티비 엘하나니^{Tibi-Elhanany}와 몇몇 학자들은 '대인 불안'과 공감 능력의 상관관계를 밝히기 위한 실험을 했습니다. 그 결과, 대인 불안이 약한 사람보다 강한 사람이 다른 사람의 기분에 대한 공감 능력이 높고, 상대방의 표정을 통해서 그 내면을 헤아리는 능력도 높다는 것이 증명되었습니다. 불안감이 높으면 상대방의 심리 상태를 주의 깊게 살피고 상대방의 입장이나 기분을 이해할 수 있어서 배려하는 행동을 할 수 있는 것이죠.

반대로, 불안감이 낮으면 상대방의 입장이나 기분을 주의 깊게 살피지 않습니다. 그래서 상대방의 사정 따위는 안중에도 없고 본인 상황에 따라서 일방적으로 일을 처리하려고 하는 것이죠.

'논리적인 척'하지만
세상 기분파

자신만의 개똥 논리를 펼치며 모든 말에 감정적으로 반응하는 사람도 엮이면 피곤합니다. 이런 타입은 다른 사람의 조언이나 지시를 납득할 수 없다면서 자신만의 논리를 주장하죠. 삐치거나 정색을 하는 것이 아니라, 일단 논리를 대가며 말하기 때문에 언뜻 보면 굉장히 이성적이고 논리적인 것처럼 보이기도 합니다. 그러나 사실 이들의 논리는 궁색한 변명에 지나지 않습니다. 논리에 구멍이 뻥뻥 나 있는 것이죠. 그리고 결정적으로, 이들에게 다른 사람이 제시하는 논리는 절대 통하지 않습니다. 이제 아시겠죠? 이 타입은 얼핏 보면 논리에 따라 움직이는 것처럼 보이지만 사실은 감정에 따라 움직이고 있는 것입니다.

"요즘 젊은 것들은 논리적인 건지, 감정적인 건지 도대체 알 수가 없어!"라며 당황스러움을 토로하는 사람도 적지 않습니다. 실제로 요즘 젊은 사람들은 다른 사람의 의견이나 지시에 논리적인 반론을 펼치는 것 같지만 본인의 의견과 제안이 받아들여지지 않으면 감정적으로 욱하는 경우가 많습니다. 선배가 "잔말 말고 지시대로 해!"라고 말한 것도 아니고 "이런 부분은 이 방식이 좀 더 효율적인 것 같으니까 이렇게 바꿔주면 좋겠어."라고 말해도 정색을 합니다. 본인의 업무 방식이 서툰 것이 사실이고, 이성적으로 따져보면 정색할 이유가 없는데도 말입니다.

이 타입은 이성적으로 판단해서 행동하는 것이 아닙니다. 감정적으로 '나쁜 말을 들은 것 같아서 불쾌하다.', '혼난 것 같아서 기분이 나쁘다.'고 생각한 것이죠. 이런 사람들은 감정 컨트롤이 불가능합니다. 그래서 냉정하게 반응해야 할 때 감정적으로 반응하고 말죠.

다음 상황을 한번 봅시다.

거래처에서 불만사항이 접수됐고 담당 직원이 응대를 했지만 부적절했다기에 정중하게 사과를 한 후에 담당 직원을 불렀습니다. 조금 엄한 말투로 잘못을 이야기해줬더니 "죄송합니다."라고 말하면서도 뭔가 분위기가 심상치 않습니다. 수긍할 수 없다는 듯한 표정이죠. 상사 입장에서는 "네가 실수해서 거래처를 화나게 만들었는데 왜 내가 사과를 해야 하는 거야? 그러니까 잘 좀 해라!"라고 쏘아주고 싶은 마음이 굴뚝 같지만 꾹 참고 차분히 잘못을 짚어준 것인데, 이런 불만스러운 태도를 보이다니! 한마디 해주고 싶을 것입니다.

그때, 부하직원이 옆자리 동료에게 투덜대는 소리마저 들려오는 것이죠.

"내가 뭐 거래처를 화나게 하고 싶어서 그랬어? 나도 열심히 하고 있다고. 그런 노력은 칭찬해주지도 않고 잔소리만 하니까 의욕이 생기질 않아. 정말 질린다, 질려!"

의욕 상실에 질릴 대로 질린 사람은 이쪽이라고…! 마음속으로 외칠 수밖에 없습니다.

뫼비우스의 띠 같은 실수, 실수, 실수…

이런 타입의 문제점은 감정 컨트롤이 불가능해서 '인지 반응Recognition response'을 해야 하는 시점에 항상 감정적인 반응을 드리낸다는 것입니다. 인지 반응이란 냉정하게 머리로 반응하는 것, 즉 아주 논리적인 반응을 말합니다.

경험을 통해 배울 수 있는 사람은 인지 반응이 강한 타입입니다. 실수를 해서 혼이 났을 때 의기소침해지거나 감정적인 반발심을 드리내기보다 '어디가 잘못된 거지?', '아, 그걸 고려했어야 했는데!' 하고 실수를 긍정적인 방향으로 활용할 수 있는 사람이죠.

반면에 감정 반응이 강한 타입은 자신의 실수나 잘못 자체에 관심을 두기보다도 '비난을 받았다!', '혼났다!'에만 정신이 팔려서 '꼭 그렇게 비난하는 듯이 말해야 해? 나도 열심히 하고 있는데!'라며 납득할 수 없다는 표정을 짓습니다.

이런 감정 반응을 보이는 타입은 매사에 반항적이라 피곤하기도 하지만 자기 뜻대로 되지 않으면 불편한 심기를 드리낼 뿐, 그런 경험을 통해서 뭔가를 배우지 못하고 같은 실수를 반복한다는 점에서 더더욱 피곤한 존재입니다.

EQ에 비례하는 연봉과 학력

상대방의 입장과 생각을 이해하지 못하는 것도, 감정을 조절하지 못하는 것도 EQ가 낮다는 증거입니다. IQ가 높은 것만으로는 사회에서 성공할 수 없다는 연구 결과가 있습니다. 즉, 사회로 나가서 성공하는 사람, 일이 잘 풀리는 사람과 행복한 가정을 꾸리며 살아가는 사람은 대체로 EQ가 높다는 것입니다. 다양한 연구를 통해서 증명된 사실입니다. 어렸을 때 EQ가 높았던 사람이 어른이 되어서 연봉과 학력이 대체로 높고 범죄율과 이혼율은 낮다는 추적 연구 결과도 있습니다.

그렇다면 EQ는 구체적으로 어떤 능력을 가리키는 걸까요?

EQ^{Emotional quotient}는 바로 자제력, 인내력, 열의, 의욕 등 책상머리 교육으로는 익힐 수 없는 능력을 말합니다. 심리학자 피터 샐러비^{Peter Salovey}와 존 메이어^{John D. Mayer}는 EQ의 요소로 감정 조절 능력, 감정의 이해와 분석 능력, 감정에 따른 사고의 동기 부여 능력, 감정의 지각 및 평가와 표출 능력을 꼽았습니다.

심리학자 대니얼 골먼^{Daniel Goleman}은 자신의 감정을 아는 능력, 감정을 조절하는 능력, 자신의 의욕을 북돋는 능력, 타인의 감정을 조절하는 능력, 인간관계를 원만하게 처리하는 능력을 꼽았죠. 정리해보면 다음과 같습니다.

- 자신의 심리 상태를 잘 아는 능력
- 마음속에 생긴 격한 감정을 가라앉히거나 조절할 수 있는 능력
- 주변을 낙천적으로 바라보고 의기소침해하거나 우울해하지 않는 능력
- 계속해서 궁금해하는 능력
- 매사에 의욕적인 자세로 임하는 능력
- 자신에게 의욕을 북돋는 능력
- 타인의 기분에 공감하는 능력
- 타인을 불쾌하게 하지 않고 타인의 기분을 살피는 능력
- 타인과 협력하는 능력
- 타인과 사이좋게 지내는 능력

간단히 말해, 사회생활에 필요한 능력이 바로 EQ입니다. EQ 중에서도 특히 인간관계를 좌우하는 것이 상대방의 입장과 견해를 고려하는 능력과 자신의 감정을 조절하는 능력이죠. 특히 감정 조절 능력의 결여는 인간관계를 망치는 원인인 경우가 많습니다. 주변 사람들이 가장 피곤하다고 느끼는 사람도 감정 조절이 서툰 타입이죠.

스트레스 내성이 약한 사람

감정을 잘 조절하지 못하는 사람은 대부분 스트레스도 잘 견디지 못합니다. 그래서 자기 뜻대로 되지 않거나 불쾌한 기분이 들 때처럼, 조금이라도 스트레스를 받는 상황에 처하면 우울해하거나 분노를 표출하는 감정적인 반응을 쉽게 드러냅니다. 감정 조절 방법을 배우는 수업을 통해서 본인이 감정 조절력이 낮다는 걸 깨닫게 된 사람들은 이렇게 말하며 스스로를 되돌아보곤 합니다.

"제 감정 조절력이 이렇게 낮은 줄 몰랐어요. 이 자리를 통해서 새삼 깨닫게 되었네요. 평소에 남에게 싫은 소리 들으면 욱해서 되받아치거나 나중에 물건을 던지는 경우가 있었더라고요."

"일이 뜻대로 풀리지 않으면 화를 내거나 난폭한 행동을 해서 주변 사람들에게 민폐를 끼친 적이 있어요. 이런 행동이 감정 조절력이 낮다는 것을 의미하는 거군요."

"감정 조절 부분에서 왜 점수가 낮은지 이제야 수긍이 갑니다. 누군가 제 실수를 지적하거나 아픈 곳을 건드리면 옳은 말인데도 정색을 하고 복수심을 불태우는 성격이라는 것을 알게 됐어요."

"제 딴에는 겉으로 드러내지 않으려고 노력했는데 의외로 다 드러내고 있었다는 걸 알게 됐어요. 이래서는 안 될 것 같다는 생각이 듭니다."

감정 조절력이 낮은 것과 스트레스 내성이 낮은 것은 서로 연관되어 있는데 본인의 스트레스 내성이 낮다는 걸 깨닫게 된 사람은 이렇게 스스로를 돌아봅니다.

"제가 스트레스를 잘 견디지 못한다는 걸 알게 됐습니다. 생각해보니, 하기 싫은 일이 있으면 배가 아팠는데 스트레스 내성이 낮은 것과 관련이 있는 거군요."

"나쁜 일이 생기면 왜 나한테만 이런 일이 생기는 걸까

하며 원망하고 한탄만 늘어놔요. 긍정적인 방향으로 대처해야겠다는 생각이 들지 않아요. 이게 스트레스 내성이 낮다는 뜻인 거죠?"

"하고 싶지 않은 일이 생기면 스트레스가 쌓이고, 그래서 몸이 안 좋아지는 것 같아요."

이처럼 매사에 감정적으로 반응해서 '엮이면 피곤해지는 사람'으로 분류되는 사람은 스트레스 내성이 낮은 경우가 많습니다. 그래서 조금이라도 기분이 나쁘거나 힘든 일이 생기면 우울해하고 반발하는 등 감정적인 모습을 드러내죠.

남이 보는 나와
내가 보는 내가 다르다

여기 또 다른 진짜가 있습니다. 본인의 실제 능력과는 별개로 끊임없이 자신의 유능함을 내세우는 사람입니다. 더 최악인 것은 이런 타입이 실제로는 실력이 없는 경우가 많다는 것이죠. 이런 사람은 무슨 일이든 "제가 그런 거 잘합니다!"라며 자신의 유능함을 내세웁니다. 회사 전체의 사운이 걸린 큰 프로젝트를 시작하게 되자 "그 일은 제가 맡고 싶습니다!"라며 자청하죠. 그만큼 자신이 있는 것 같아서 일을 맡겼지만 결국 실력 부족으로 나중에 뒤치다꺼리는 다른 사람들의 몫이 됩니다. 그래서 다른 사람에게 중요한 업무를 맡기기라도 하면 또 단단히 불만을 품거나 원망의 눈초리를 보내며 눈치를 보게 만듭니다.

그렇다면 이런 타입은 일을 잘하지도 못하면서 왜 자신의 유능함을 내세우는 것일까요?

이유는 간단합니다. 이렇게 생각해보죠. 실력이 좋아서 안심하고 일을 맡길 수 있는 사람이 본인의 유능함을 내세우는 경우를 본 적이 있나요? 없을 겁니다. 일부러 내세우지 않아도 유능한 사람은 주변 사람들이 먼저 알아보죠. 괜히 자신의 유능함을 내세웠다가 사람들의 반발심만 부추길 수 있습니다.

자신의 유능함을 치켜세우는 타입은 실력이 턱없이 부족한데도 본인의 그런 면을 솔직하게 인정하지 않으려고 하는 경우가 많습니다. 여기에서 생겨나는 2가지 문제점이 있습니다. 하나는 지속해서 자신의 껍데기뿐인 유능함을 내세우면 마음속 불안과 나약한 모습을 직면하지 않고 회피하게 된다는 것입니다. 자신의 진짜 모습이 남들에게 드러나는 것에 대한 불안을 회피하기 위해 실제보다 유능하게 보여지도록 유능함을 끊임없이 어필하는 것이죠.

또 다른 문제점은 이런 타입의 인지 능력이 낮다는 점입니다. 주변을 이해하는 능력이 부족한 것이죠. 실제로 본인의 능력이 어느 정도 수준인지 파악하지 못하고 능력이 부족해서 못하는 것도 잘한다고 착각하는 것입니다.

물론, 사람은 누구나 긍정적인 착각을 안고 살아가며 본인의 능력을 과대평가하는 경향이 있다고 앞에서 언급했었죠? 그러나 능력이 부족한 사람일수록 본인의 능력을 과대평가하는 경향이 강하다는 점을 덧붙이고 싶네요.

나에 대한 놀라울 정도의 과대평가

심리학자 데이비드 더닝David Dunning과 저스틴 쿠르거Justin Kruger는 이런 사실을 증명하기 위한 실험을 했습니다. 이들은 유머 감각, 추론 능력 등 몇 가지에 관한 테스트를 진행하고 동시에 자기평가도 실시했습니다.

자기평가는 퍼센타일Percentile을 이용했습니다. 퍼센타일은 자신이 전체 인원 중 아래에서 몇 퍼센트 정도에 위치하는지를 답하는 방식이죠. 예를 들어, 20퍼센트는 상당히 낮은 하위권에 위치하며 50퍼센트는 평균, 80퍼센트는 상당히 높은 상위권에 위치하는 것을 의미합니다.

그리고 참가자들을 실제 타인으로부터 평가된 점수를 기준으로 4등분했습니다. 상위 4분의 1에 속하는 '최우수 그룹', '평균보다 약간 상위인 그룹', '평균보다 약간 하위인 그룹', 하위 4분의 1에 속하는 '최하위 그룹'으로 나눴습니다.

일단 유머 감각에 관한 결과를 살펴보면 최하위 그룹의 평균 점수는 아래에서 12퍼센트 정도에 위치했습니다. 유머 감각이 아주 부족하다고 볼 수 있죠. 그런데 최하위 그룹의 자기평가 평균은 놀라웠습니다. 자기평가는 58퍼센트였던 것이죠. 이는 평균인 50퍼센트를 초과한 값으로 최하위 그룹의 사람들은 자신의 유머 감각이 평균보다 높다고 '착각'하고 있었습니다.

다시 말해, 이 타입의 사람들은 실제로 하위 10퍼센트 정도에 위치하는데도 본인이 평균보다 뛰어난 유머 감각을 가지고 있다고 생각했다는 것입니다. 자신의 능력을 상당히 높게 과대평가하고 있는 것이죠. 반면에 최우수 그룹은 과대평가 경향을 보이지 않았고 오히려 자신의 능력을 실제보다 낮게 추측하는 경향을 보였습니다.

논리적 추론 능력에 관한 결과를 살펴봐도 최하위 그룹의 평균 득점은 아래에서 12퍼센트 정도에 위치했습니다. 논리적 추론 능력이 상당히 부족하다고 볼 수 있죠. 그런데 최하위 그룹의 자기평가 평균을 보면 68퍼센트로 평균인 50퍼센트를 크게 웃돌았습니다. 최하위 그룹의 사람들은 자신의 논리적 추론 능력이 평균보다 상당히 높다고 '착각'하고 있었던 것이죠. 실제로 하위 10퍼센트 정도에 위치하는 실력인데도 본인은 평균보다 상당히 높은 실력을 가지고 있다고 착각했다는 것입니다. 놀라운 정도로 자신의 능력을 과대평가하고 있었습니다. 이 부분에서도 최우수 그룹은 과대평가 경향을 보이지 않았고 자신의 능력을 실제보다 낮게 추측하는 경향을 보였습니다.

이 실험을 통해서 데이비드 더닝과 저스틴 쿠르거는 능력이 없는 사람일수록 자신의 능력을 과대평가하고 이와 반대로 능력이 좋은 사람일수록 자신의 능력을 과소평가하는 경향을 보인다는 것을 입증했습니다. 이를 '더닝 쿠르거 효과Dunning-Kruger effect'라고 합니다.

이와 같은 일련의 실험을 통해서 능력이 없는 사람은 본인의 능력이 부족하다는 것은 물론, 그 사실을 깨닫는 능력조차 낮다는 것이 증명됐습니다. 이것이 바로 무능한 사람일수록 근거 없는 자신감을 갖게 되는 이유입니다. 자신에 대한 객관적인 이해력이 낮으면 '자기인지'가 제대로 될리 없습니다. 그래서 스스로가 미숙하기 때문에 능력을 키워야 1인분을 해낼 수 있다는 사실을 깨닫지 못합니다.

언제 터질지 모르는 열등감을
시한폭탄처럼 안고 산다

　　업무상 지적에도 쉽게 발끈하는 사람, 주변 사람들이 자신을 인정해주지 않으면 노골적으로 불쾌함을 드러내는 사람과 엮이면 당연히 피곤하지만, 이 타입들의 이면에는 어마어마한 '열등감 콤플렉스'가 존재합니다.

　　열등감을 인간의 성장 동력으로 바라보는 개인심리학 Individual psychology의 창시자인 알프레드 아들러 Alfred Adler는 어린아이가 자신의 열등함을 느끼는 것이 더 훌륭한 사람이 되고자 하는 성장 욕구로 이어진다고 주장했습니다. 아들러는 성장으로 이어지는 '건전한 열등감'과 '열등감 콤플렉스'를 구별했습니다. 자신의 능력 부족과 약점을 깨닫는 것이 열등감인데, 이런 자신의 열등함을 인정하지 않고 외면하려고 할 때 '열등감 콤플렉스'가 생긴다는 주장입니다.

아들러는 자기 자신을 실제보다 우월한 존재처럼 보이게 꾸미는 행동 속에서 열등감 콤플렉스를 찾을 수 있다고 말했는데, 매사에 잘난 척하거나 본인의 부족한 점을 지적받으면 공격적인 반응을 보이는 사람이 피곤한 것은 이런 심리 때문입니다.

아들러에 의하면 열등감 콤플렉스로 똘똘 뭉친 사람에게 "당신은 열등감을 느끼나요?"라고 물으면 인정하지 않고 오히려 본인이 주변 사람들보다 뛰어난 점을 언급한다고 합니다. 그러나 이런 방법으로 모두를 속일 수는 없죠. 잘 관찰해보면 이들의 열등감 콤플렉스를 알아차릴 수 있습니다.

예를 들어, 거만한 태도를 보이는 사람은 사실 자신감이 없는 경우가 많습니다. 남이 자신을 얕볼지도 모른다는 불안감 때문에 어떻게든 바보 취급을 당하지 않기 위해 잘난 척을 하는 것이죠. 남에게 자만하는 듯한 태도를 보이거나 본인의 뛰어남을 인정하지 않는 상대방에게 공격적인 태도를 보이는 사람에게는 필사적으로 숨겨야만 하는 열등감 콤플렉스가 존재합니다.

이런 사람은 타인이 건넨 사소한 말 한마디에도 과민하게 반응해서 피곤합니다. 만약 당신 가까이에 '저 사람은 자존심이 세서 그냥 던진 말 한마디에도 화를 내기 쉬우니 조심해야 해.'라는 생각이 드는 사람이 있다면 그는 사실 자신감이 없고 열등감 콤플렉스로 똘똘 뭉친 사람일 것입니다.

개그를 다큐로 받아치는 사람

좀 더 일상적인 일들을 살펴볼까 합니다. 운동 신경이 둔하다는 것을 인정하는 사람은 그런 본인의 열등함으로 농담을 하거나, 친구가 본인을 놀려도 웃고 넘길 수 있는 여유가 있습니다. 그런데 자신의 운동 신경이 둔하다는 것을 인정하지 않는 사람은 열등감 콤플렉스가 형성되어 운동 신경 얘기가 잠깐만 나와도 불편한 심기를 드러내거나 얼굴이 벌겋게 달아올라 화를 내기도 하죠.

실적을 내지 못하는 자신을 있는 그대로 받아들이지 못하는 사람도 마찬가지입니다. 이들은 열등감 콤플렉스 때문에 "좀 더 머리를 써서 연구해야지."라는 선배의 조언에 과하게 불쾌감을 드러내거나 "그것도 몰라?"라는 친구의 농담 섞인 말에 정색을 하기도 합니다.

열등감 콤플렉스가 있으면 적대적 귀인 편향이 작동해서 도전받았다고 착각하기가 쉽기 때문이죠. 그래서 상대방이 본인을 얕보거나 바보 취급할 의도가 없었는데도 본인을 우습게 봤다고 느낍니다. 그 결과, 자기 방어 Ego defense 심리가 작동하고 공격적인 태도를 취하게 됩니다. 유리처럼 언제 깨질지 모르는 자존심을 지키기 위해 필사적으로 허우적대는 것이죠.

회사에서 실수를 했을 때도 열등감 콤플렉스가 없는 사람이라면 '다음에는 이런 일이 생기지 않도록 좀 더 공부해야겠어.'라고 본인의 부족함을 냉정하게 인정하고, 그것을 극복하기 위해서 노력할 것입니다. 그리고 성장하겠죠. 그런데 열등감 콤플렉스가 강한 사람은 그저 부끄럽고 창피하다는 생각 때문에 조언을 건넨 사람에게 반발심을 드러내거나 자신이 실수한 상황 자체를 기억에서 없애려고 합니다. 또한 '다른 사람들에게 우습게 보이고 싶지 않다.'는 의식이 강해서 자신이 모르는 지식에 관해서는 동료들과 말도 섞지 않습니다. 본인의 열등감 콤플렉스를 자극할 수 있는 상황 자체를 회피하려는 것입니다. 그래서 이런 타입을 상대하려면 진이 빠집니다.

'당연히 그렇게 해야지'라는
생각이 박혀 있는 머릿속

이쯤되면, 왜 안 등장하나 싶은 타입이 하나 있죠. 바로 '잔소리쟁이'입니다. 이들은 일단 본인이 생각한 기준에서 벗어나면 일일이 지적하거나, 듣기 거북한 비난을 퍼붓거나, 지루한 훈화 말씀을 늘어놓습니다. 그래서 결국에는 주변 사람들이 이 사람을 슬슬 피하게 되죠. 이런 타입은 유연한 사고가 불가능해서 '무조건 이렇게 해야 한다.'는 생각에 얽매여 삽니다.

예를 들어, 잔소리가 심해서 후배가 피하는 선배는 '일은 융통성 있게 해야 한다.', '스스로 생각해서 방법을 찾아야 한다.'는 생각에 융통성이 부족하거나, 스스로 해결하려는 독립심이 부족한 후배를 보면 답답함을 느끼죠. 그래서 잔소리를 하게 됩니다.

선배에게 불만이 많은 후배도 마찬가지입니다. '선배는 후배를 격려해줘야 한다.', '선배는 도움이 되는 실용적인 조언을 해줘야 한다.'는 생각에 사로잡혀 격려해주지 않는 선배나 실용적인 조언을 해주지 않는 선배를 보면 답답함을 느끼죠. 그래서 불만스러운 태도를 보이거나 뒷담화를 하는 것입니다.

사적인 관계에서도 마찬가지입니다. 연인에게 불만이 있는 사람의 경우를 한번 살펴볼까요? 이들은 '남자친구는 나를 헤아려 줘야 한다.', '여자친구는 상냥하게 말해야 한다.'는 생각에 본인을 헤아려주지 않거나 상냥하게 말하지 않는 연인을 보면 짜증을 내고 삐딱하게 행동하는 것입니다.

자녀가 답답하다고 느끼는 부모도 결국 같은 심리입니다. '돈을 많이 쓴 만큼 자식들은 부모의 기대에 부응해야 한다.', '자식들은 부모 뜻대로 움직여야 한다.'는 생각에 자녀가 기대에 못 미치는 성적을 받아오거나 부모 뜻을 따라

주지 않는 모습을 보면 잔소리가 나올 수밖에 없는 것이죠.

이런 사고방식을 우리는 '~해야 한다는 사고'라고 부릅니다. 물론, '~해야 한다는 사고'는 사람을 성장시키기도 합니다. 그러나 도가 지나치면 본인을 괴롭힐 뿐만 아니라 주변 사람을 불쾌하고 힘들게 만듭니다. 그래서 인지 행동 요법Cognitive Behavioral Therapy, CBT에서는 도를 지나친 '~해야 한다는 사고'를 조금이라도 내려놓으라고 제안합니다. '그래, 그럴 수도 있지.' 하고 조금은 편안하게 생각하는 연습이 필요한 것이죠. 지나쳐서 좋을 것은 아무것도 없습니다.

4

어차피 사람은 안 변한다!
바꾸지 않고 내 속 편안해지는 법

'그 사람'의 꼬인 성격은
바뀔 수 있을까?

'엮이면 피곤해지는 사람'이 평범해질 수 있다면 얼마나 좋을까요? 그런데 그런 일은 실제로 일어나기 어렵습니다. 잠시 상상을 해볼게요.

규칙이나 순서에 집착하는 융통성 없는 사람이 임기응변으로 대응할 수 있는 유연성을 기른다.

자신이 옳다고 착각하고 자신의 의견을 밀어붙이는 사람이 남의 의견에 귀를 기울이고 자신과 다른 사고방식을 존중하며 이해하려는 자세를 갖는다.

감정 기복이 심해서 사소한 일도 크게 부풀리고 수선을 떠는 사람이 정서적으로 안정되고 매사에 냉정한 태도로 동요하지 않는다.

취사선택을 못해서 항상 두서없이 말하는 사람이 세세한 것에 신경 쓰지 않고, 요점만 알기 쉽게 설명할 수 있게 된다.

상상만 해도 속이 다 시원해지는 기분입니다. 하지만 그리 쉽게 실현될 수 있는 일이 아니긴 합니다. 주변에 그런 사람 한 명을 떠올려보세요. 매번 푸념만 늘어놓던 사람이 하루아침에 긍정 파워를 내뿜는다거나, 남의 말 잘 안 듣고 자기 말만 하던 사람이 내 말을 경청해준다거나 하는…. 고개가 절레절레 흔들어지죠. 아시겠지만, 사람이 변하는 건 정말 어려운 일입니다.

그렇다면 그들의 꼬여버린 성격은 영영 고칠 수 없을까요? 이 또한 단언하긴 어렵습니다. 성격적인 요소는 변하지 않더라도, 그 성격을 드러내는 방법은 바꿀 수 있기 때문입니다. 그 사람이 지닌 어떤 성향이 모조리 사라질 수는 없어도 상대방이 피곤해하지 않을 정도로 자제할 수는 있습니다.

이때 중요한 것은 그 사람 본인의 의지입니다. 그렇지 않으면 결코 바뀔 수 없습니다. 남이 뭐라고 지적한들 그리 간단히 바뀔 수 있는 것이 아닙니다.

그래서 상대방이 변하기를 기다리는 것보다 그 사람을 적당하게 상대하는 방법을 익히는 것이 지름길입니다. 이번 4장에서는 이것에 대한 이야기를 해보려고 합니다.

남들에게는 민폐지만, 본인에게는 무기

본인이 남들 눈에 엮이면 피곤해지는 사람으로 비춰진 다는 사실을 알고 '이대로는 안 되겠다.'라며 간절하게 바 뀌기를 원한다면 약간의 기대를 걸어볼 수도 있습니다.

하지만 아무리 '이대로는 안 되겠다.', '바뀌어야 한다.'고 마음먹어도 실제로 본인의 왜곡된 부분을 바로 잡고자 행 동하는 사람은 매우 적습니다. 현실을 바꾸는 데에는 엄청 난 심적 에너지가 필요하기 때문입니다.

병적으로 사소한 일에 집착하는 성향, 실패를 극도로 두 려워하는 성향, 매사에 경쟁심을 불태우는 성향 등 이런 것들은 오랫동안 지속되어온 것이라 그 사람의 마음속에 내재화되어 있습니다. 마치 습관처럼 굳어버린 심리 성향과 행동 패턴은 자동화되어 지극히 자연스럽게 드러나게 됩니다. 그래서 이를 바꾼다는 것은 쉬운 일이 아닙니다.

무심코 주변 사람을 피곤하게 했다고 합시다. 머리로는 '이대로는 안 된다.', '바뀌어야 한다.'고 생각해도 실제 생활에서는 자동화된 패턴이 자연스럽게 나타나고 맙니다. 뒤늦게 '아차! 그러면 안 되는데.' 하고 알아차리게 돼도 '에이, 괜찮겠지 뭐.'라며 그냥 넘기게 되는 것이죠.

그도 그럴 것이 문제가 되는 심리 성향이나 행동 패턴이 다른 사람에게는 피곤하겠지만 지금껏 그렇게 살아온 본인에게는 장점이기도 하기 때문입니다.

예를 들면 이런 것들입니다. 병적으로 사소한 것에 신경을 쓰다 보니 주의력이 좋아서 실수가 적었다거나, 실패를 극도로 꺼려서 치명적인 실패를 하지 않았다거나, 경쟁심이 강해서 남에게 지지 않으려고 노력한다거나….

이런 심리 성향과 행동 패턴은 표출되는 방법에 따라서 단점이 되기도 하고 장점이 되기도 합니다.

사람은
쉽게 변하지 않는다

'그 사람'들은 본인 나름의 고집이 있습니다.

한 예를 들어보겠습니다. 소극적인 모습을 바꾸고 싶다고 말하는 사람이 있습니다. 그 사람의 이야기를 들어보면 항상 남을 배려하고 본인을 내세우지 않아서 손해를 보는 편이라고 합니다. 그런데 이런 사람들은 본인의 성격에 대해 푸념을 하다가도 이렇게 말합니다.

"이런 성격이 손해를 보니까 좀 더 적극적인 사람이 되고 싶어요. 근데 주변에 보면 비정상적으로 적극적인 사람이 있지 않나요? 잘 보이려고 자신을 포장한다든지 뻔뻔스럽게 느껴지는 그런 사람이요. 그런 사람은 보기 좀 그래서 싫더라고요."

적극적으로 자신을 내세우는 사람에 대한 혐오감을 지니고 있음을 본인 입으로 말하고 있습니다.

당연한 말이지만, 이래서는 소극적인 모습을 바꾸기 어렵습니다. 본인은 적극적으로 자신을 내세우는 사람이 아니라는 부분에서 '그런 사람들보다는 내가 낫지.'라는 본인만의 고집이 느껴지기 때문입니다.

또 이번엔 사교적인 사람이 되고 싶다는 사람도 있습니다. 이 사람은 내향적인 성격이라 무슨 말을 하기 전에 '혹시 분위기 파악을 못하는 건가?' 하고 고민하게 되고, 그렇게 고민하는 동안 이야기가 끝나서 아무 말도 하지 못한 채 듣고만 있게 된다는 고충이 있었습니다. 항상 이야기를 주도하고 이야기의 중심에 있는 사교적인 사람이 부럽다고 말합니다. 그런데 또 이렇게도 말합니다.

"그런데 사교적인 사람은 어딘가 무신경하고 경박한 구석이 있지 않아요? 그런 식으로 남한테 무신경한 사람은 되고 싶지 않은데 말이죠."

결국 사교적인 사람이 부럽다고 말하면서도 본인의 깊은 사고력과 배려심을 버릴 수 없다는 고집을 내비치는 것입니다.

본인이 변하고 싶다고 아무리 큰 결심을 해도 이처럼 마음속에 저항심이 자리 잡고 있으면 바뀔 수 없습니다. 그러니 남에게 '그런 점은 고치는 게 좋지 않을까요?'라는 조언을 듣는다고 바뀔까요?

오히려 남에게 지적당하고 고치는 것이 좋겠다는 조언을 들으면 심리적인 저항심이 생기는 경우가 많습니다. 본인에게 특별한 사정이 있다며 자기 정당화로 치닫기도 하죠. 앞에서 언급한 사례와 같이 장점도 있고 본인 나름의 고집도 있기 때문입니다. 그래서 지적했다가 괜히 역효과만 날 수도 있습니다.

사람은 그리 쉽게 변하지 않습니다. 지적하기보다 그 사람의 심리 성향과 행동 패턴을 깊이 이해하고 적절하게 상대하는 방법을 연구하는 편이 나은 이유입니다.

나의 상식이
'그 사람'에겐 비상식일 수 있다

개인주의가 자리 잡은 서양 사회는 남에게 의존하지 않고 자기 자신을 중심으로 행동하는 경향이 강합니다. 이를 두고 '이기적'이라느니('개인주의'와 '이기주의'는 완전히 다른 의미도 하죠.) 자기밖에 모른다느니 등의 험담이 나오는 일도 좀체 없습니다. 자기 자신의 일을 우선적으로 잘 해내고 필요하면 인간관계도 자신에게 유리한 쪽으로 맺거나 이용하는 일도 생길 수 있습니다.

하지만 서양과는 다르게 공동 사회, '함께'하는 관계성을 중시하는 동양 사회에서는 남을 배려하는 행동이 미덕으로 여겨지는 게 사실입니다. 상호 신뢰가 전제가 되며 인간관계를 수단으로 보지 않고, 인간관계 자체에 중요한 의의가 있다고 생각하죠.

이러한 인간관계를 둘러싼 차이점은 서양과 동양으로 나누어볼 수도 있지만, 사실 좀 더 미시적으로 살펴보면 같은 동양 사회라고 해도 개인에 따라 가치관의 차이는 현저하게 나타나고 있습니다.

인간관계는 인맥으로 이용해야 하고 이용 가치가 없는 관계는 지속할 의미가 없다는 가치관을 지닌 사람도 있을 수 있습니다. 이런 사람들은 이렇게 말합니다.

"도움이 안 되는 사람하고 어울리는 건 시간 낭비야."

"사람을 쉽게 믿는 건 바보야. 그랬다가는 쉽게 사기당하고 큰일 날 수도 있다고!"

반면 인간관계 자체에 깊은 의의를 두는 사람은 전혀 다르죠.

"이용 가치로만 사람을 판단하다니…. 그런 인생은 너무 팍팍하지 않아?"

이처럼 가치관이 다르면 주변을 바라보는 관점도 달라

집니다. 그럼 자연히 다른 사람들의 언행에 대한 평가도 달라지는 것이죠.

본인이 '엮이면 피곤하다'고 느끼는 상대방이, 어쩌면 본인을 보고 '엮이면 피곤하다'고 생각하고 있을지도 모릅니다! 다시 말해, 나의 상식이 타인에겐 비상식일 수도 있다는 겁니다. 따라서 한쪽이 상대방의 왜곡된 부분을 지적한들 그 상대방은 이해하지 못할 것입니다. 상대방의 입장에서 보면 본인이 왜곡되어 보일 테니까요.

여기서 중요한 것은 엮이면 피곤하다고 느껴지는 사람의 가치관을 알아야 한다는 점입니다. 물론 다른 사람의 가치관을 완벽하게 이해할 수는 없습니다. 하지만 어느 정도는 가능하죠.

그러면 도저히 이해할 수 없거나 짜증이 나는 상대방의 언행이 어디서 비롯되는지를 알 수 있고 함께 있을 때 그나마 스트레스를 덜 받을 수 있겠죠.

바뀌지 않는 '그 사람',
어디까지 이해해줘야 하지?

주변에 엮이면 피곤해지는 사람이 있는 경우, 가장 큰 문제는 이들이 피할 수 있거나, 하루아침에 얼굴을 안 볼 수 있는 관계가 아니라는 겁니다. 그러니 차라리 그 사람에 대한 대응 능력을 높이는 수밖에 없습니다.

그러려면 일단 엮이기 싫은 주변 사람이 앞서 살펴보았던 10가지 타입 중 어떤 타입에 가까운지를 확인하는 것이 좋겠죠. 그리고 나서 그 이면에 숨겨진 심리 메커니즘을 이해하는 것으로 접근해야 합니다.

사실 정확히 말하면 그 사람들을 '이해할 수 없으니까'

더 피곤한 것입니다. 대체 왜 저러는지 알 수가 없으니 짜증이 나는 것이고요. 그러니 상대방의 심리 메커니즘을 알면 그런 짜증과 피곤함을 대폭 줄일 수 있습니다.

가볍게 주의를 준 것뿐인데 반발하는 부하직원도 실은 마음속에 자신감 없는 나약함이 숨겨져 있습니다. 상사가 건넨 주의가 '얕잡아 본다는 불안감'을 자극해서 본인의 부족한 부분을 되돌아볼 여유도 없이 욱하고 마는 것입니다. 이런 심리 메커니즘을 알면 '어쩔 수 없지.' 하며 원만하게 넘길 수 있습니다. '왜 저럴까?' 했던 짜증도 이런 심리 메커니즘을 알면 '어떻게 하면 자기 자신을 되돌아보게 할 수 있을까?'라는 생각으로 전환이 되는 등 내 마음에 여유가 생길 것입니다.

남에게 상처 주는 말을 아무렇지 않게 하고 분위기를 망치는 사람들은 왜 그럴까요? 마음속 모니터 카메라가 고장났기 때문에, 주변의 반응을 살피거나 본인의 언행이 적절한지 확인하는 일이 어렵기 때문입니다. 왜 그러는지 조금만 알아도 구제불능이라는 생각은 들어도 훅 짜증이 올라오거나 기분이 상하지는 않습니다.

절차에 집착해서 별거 아닌 일로 업무를 중단시키는 융통성 없는 상사도 실은 자신감이 없는 것이죠. 규칙이나 전례를 지켜야 불안하지 않는 것입니다. 유연하게 대응할 능력이 떨어지기 때문에 유별나게 정해진 순서를 의식하고 그렇게 움직일 수밖에 없는 것입니다.

이런 심리 메커니즘을 알면 일일이 짜증 내거나 초조해하지 않고 원만하게 넘어갈 수 있습니다.

'아니 왜 저런 데에 집착하고 난리지?'

발을 구르며 격분할 일이 사라지고 '그래서 그러는 거였구나.', '답답한 스타일이라 유연하게 대응하지 못하는 거야.'라는 전제하에 '어떻게 하면 저 사람을 안심시킬 수 있을까?', '어떻게 하면 일을 진행할 수 있을까?' 이성적인 대응으로 상황을 바꿔갈 수 있습니다.

'뭐 그렇게까지 우리가 그 사람을 이해해줘야 하나?'

다시 말하지만, 이해해주거나 그 사람을 품어주려는 것이 아닙니다. 그 사람으로 인해 엉망이 되어가는 상황과 우리의 기분을 지키기 위해서죠.

이처럼 초초해하거나 짜증 내지 않고 그 상황에서 냉정

하게 대처할 수 있으려면 2장과 3장을 참고로 엮이면 피곤해지는 사람에게 나타나는 전형적인 성향과 유용한 대책을 알아두는 것이 중요합니다.

어디까지나
내가 편하기 위해서다

솔직히 누군가 짜증 나는 말을 하거나 사람을 피곤하게 하는 행동을 하면 뭐라고 한마디 하고 싶어집니다. 그래서 잔소리를 하고 나면 과연 분위기가 나아질까요? 그렇지 않습니다. 오히려 긴장감이 맴돌고 험악한 분위기가 되어버리고 맙니다. 한마디로, 지적해봤자 아무 소용없습니다.

여기서 한 가지 주의해야 할 점이 있습니다.

엮이면 피곤해지는 사람의 심리 메커니즘을 알게 되면, 상대방이 왜 그런 언행을 했는지, 그 심리적인 요인이 빤히 보여서 그 부분을 지적하고 싶어질 수 있습니다. 그런데 상대방의 행동 패턴의 이면에 숨겨진 심리 메커니즘을 안다고 해서 그 부분을 지적하는 것은 금물입니다.

예를 들어, 남에게 상처 주는 말이나 뻔뻔한 말을 아무렇지 않게 내뱉는 사람이 있다고 해봅시다.

"그렇게 말하면 상대방이 상처 받죠. 당신은 마음속의 모니터 카메라가 고장 나서 자신의 언행이 얼마나 부적절한지 모르는 것 같아요. 주변 사람들이 당신의 말과 행동에 얼마나 큰 상처를 받고 짜증이 나는지 모르겠어요?"

마음속 모니터 카메라까지 운운하며, 이렇다 저렇다 지적한다고 과연 그 사람이 반성을 할까요? 절대 아닐 겁니다. 오히려 흥분해서 반론을 제기할 테죠. 논리적으로 반론할 수 없을 때는 감정적인 반발심을 드러내며 험악한 분위기를 조성할 것이 뻔합니다.

가벼운 지적과 주의에도 감정적인 반발심을 드러내며 필사적으로 핑계를 대서 본인을 정당화하려는 사람이 있다고 생각해봅시다.

"자네는 왜 솔직하게 자신의 부족한 점을 인정하지 못하는지 아나? 열등감 콤플렉스가 강해서 그런 거라네. 자신감이 없고 남들이 바보 취급하지 않을까 하는 불안감이 강한 거지. 그래서 남들이 자네의 부족한 부분을 지적하면 얕잡아 본다는 불안감이 자극돼서 감정적으로 욱 하거나 필사적으로 자신의 유능함을 과시하려고 하는 거지."

"그런데 그런 모습이 남들 눈에 얼마나 보기 흉한지 아나? 그런 모습이 오히려 자네 마음속의 불안감을 들키게 하고 주변 사람들이 자네를 자신감 없는 사람이라고 판단하게 만들지. 실제로 다들 그렇게 생각한다네. 그리고 가장 큰 문제는 자네가 자기 자신을 솔직하게 되돌아보지 않아서 부족한 점을 고치지 못하는 거라고. 그러니 이런 점은 고치는 편이 좋겠어."

과연 이런 지적을 받고 냉정해질 수 있을까요? 오히려 열등감 콤플렉스가 활성화되어 매우 거세고 공격적인 반응을 보일 수도 있습니다. 콤플렉스는 무의식에 몰려 있어서 본인이 의식하지 못하는 곳에서 공격적인 반응을 일으키기도 합니다.

어쨌든 엮이면 피곤해지는 사람의 언행 뒤에 숨겨진 심리 메커니즘을 지적해도 상황이 건설적인 방향으로 전개

될 것이라고 기대하기는 어렵습니다. 오히려 분위기만 망치고 더 성가신 일만 벌어지는 경우가 많고요. 따라서 지적은 금물입니다. 어디까지나 '내'가 편하기 위해서요.

사람은 누구나 내 모습 그대로의
나를 받아주길 원한다

친절한 사람 중에 이런 사람이 있습니다. 주변 사람들을 피곤하게 만드는 사람들에게 본인이 왜 그런 존재인지를 알려주고 고칠 수 있도록 옆에서 도와주려고 하는 경우죠. 마음은 갸륵하지만…. 결과적으로 말씀드리면 헛수고입니다.

상대방에게 이런 행동은 참견일 뿐입니다. 왜냐하면 그 사람에겐…. 습관적인 행동 패턴을 바꾸라고 말하는 것 자체가 지금의 그 사람을 부정하는 꼴이기 때문입니다. 아무리 진심 어린 조언을 덧붙인들 '지금 당신의 행동은 잘못됐다.'라는 말을 냉정하게 받아들이는 건 너무 어려운 일이기 때문입니다. 사실 이건 모든 사람이 마찬가지입니다. 결점을 지적당하거나 '너 그러지 마.' 같은 말을 들으면 아무리 친한 사이라도 불쾌하죠.

설령 그런 결점 때문에 본인의 삶이 고통스럽더라도 남한테 지적을 받으면 본인이 부정당한다는 생각 때문에 반발심이 생기기 쉽습니다. 인간은 자기애가 강하고 자기방어적인 동물이기 때문이죠.

마음속으로 '맞아, 나한테 그런 구석이 있지.'라는 생각이 들어도 상대방의 지적이 옳을수록 감정적으로 되받아치고 싶어집니다. 고집을 부려서라도 인정하고 싶지 않은 법입니다.

이는 위기 상황에 대한 자기방어적인 반응입니다. 무슨 일이 있어도 인정할 수 없다는 듯이 필사적인 저항을 보이는 것입니다.

결국 '남을 피곤하고 지치게 만드는 성향'까지도 그 사람의 성격, 즉 그 사람만의 모습인 것입니다. 사실 사람은 누구나 '내 모습 그대로의 나'를 받아주기를 원합니다. 그런 것들을 부정당하는 상황에서 냉정하게 '맞아. 그건 고쳐야지.'라고 침착하게 받아들이고 인정하기는 어렵습니다.

사실 이렇게 남을 피곤하게 하는 성격이 자신에게는 편한 지점들이 있습니다. 예를 들어, 자기 자랑만 늘어놓는 사람은 다른 사람들에게 쪼잔한 사람으로 비칠 순 있지만, 본인만큼은 자랑을 늘어놓으면서 자신의 콤플렉스를 덮고 자존감을 높입니다. 본인의 열등감을 의식하는 것만큼 불안한 일은 없기 때문에, 최대한 이를 의식하지 않고 자랑질을 하면서 그 열등감의 구렁텅이에서 빠져나올 수 있는 것입니다.

그때그때의 상황에 따라 스스로 적확하게 판단할 자신이 없어 규칙이나 순서에 집착하는 사람 역시, 지적을 받게 되면 '그래 맞아.' 하는 생각이 들지만 본인 스스로에게는 나름대로 메리트가 있기 때문에 쉽사리 기존의 방식을 버릴 수 없습니다.

본인이 상황에 맞게 판단을 내렸는데 그것이 잘못되면 책임을 져야 하고 무능함이 드러나게 되기 때문입니다. '절차상 그건 인정할 수 없다.', '정해진 순서를 무시해서는 안 된다.'는 판단을 내리면 책임져야 할 실수를 저지르지 않을 뿐만 아니라, 본인의 무능함이 들통날까 봐 노심초사 하지 않아도 되니 얼마나 편하겠습니까. 이런 안전지대를 벗어나지 않기 위해서라도 남을 피곤하게 할지언정 그 굴레를 벗어던지지 못하는 것입니다.

이런 다양한 사정 때문에 인간은 오랜 세월에 걸쳐서 익숙해진 본인의 행동 패턴을 여간해선 바꾸려 하지 않습니다. 그래서 상대방을 바꾸려고 하면 오히려 내 자신이 더 피곤하고 성가신 일이 벌어지게 되는 것이죠.

내 인생 지키는
유일한 방법은?

본인의 유능함을 과도하게 내세우는 사람, 무리한 일을 밀어붙이는 사람, 남이 치켜세워주지 않으면 불편한 심기를 드러내는 사람 등… 이들 중에는 도가 지나쳐 피곤하게 만들다 못해 다신 보고 싶지 않을 정도인 사람들도 있습니다. 이런 경우는 '자기애성 인격장애Narcissistic Personality Disorder, NPD'를 의심해봐야 합니다.

자기애성 인격장애란, 성격 장애의 일종으로 자신은 특별하다는 의식이 극도로 강해서 본인이 활약하는 꿈을 과대 망상적으로 품는 것을 말합니다. 쉽게 말해 자신만만한 성격의 극단적인 형태입니다. 자신에 대한 애정이 과한 만큼, 쉽게 남의 시선에 상처를 받기도 하고 화를 내기도 하는 모순된 면을 보입니다.

'남에게 칭찬받고 싶다.', '난 남들보다 뛰어나다.', '나는 이런 곳에 있을 사람이 아니다.' 등의 생각은 사람이면 누구나 많든 적든 마음속에 품고 삽니다. 하지만 이런 생각이 극단적으로 강해서 과대 망상적으로 커진 경우는 자기애성 인격장애를 의심해봐야 한다는 것이죠.

이런 사람은 '나는 특별하다.'는 의식 때문에 본인의 성공을 위해서라면 아무렇지 않게 남을 이용하기도 합니다. 지나치게 자기중심적이라서 주변 사람은 불쾌하고 역겹지만 본인은 특별한 존재라서 뭘 하든 용서받을 수 있다고 생각합니다.

다만, 근거 있는 우월감이 아니기에 마음속으로는 자신감이 없고 불안감을 감추기 위해 남에게 칭찬을 갈구합니다. 남의 평가에 예민하고 주변 사람들이 치켜세워주지 않으면 자존심에 금이 가서 공격적인 반응을 보이기도 합니다.

또한 과도하게 충동적이라서 인간관계에 지장을 초래하

는 경우는 '경계성 성격장애 Borderline Personality Disorder'로 봐야 합니다. 경계성 성격장애란 감정적인 측면, 인간관계에서 '극에서 극'으로 변동이 심하고 돌발적인 충동이 그대로 노출되기 쉬운 타입입니다.

정서가 불안정하고 충동을 자제할 수 없으며 욕구 불만을 견뎌낼 힘이 부족한 사람은 많이 있습니다. 그런데 그정도가 지나쳐서 인간관계마저 불안정하고 공격적이면서 자기 파괴적인 행동이 눈에 띌 때는 경계성 성격장애를 의심해봐야 합니다.

이런 장애의 원인은 본인이 어떤 사람인지 모르는 것으로부터 생겨납니다. 본인에 대해 알지 못하니 자신감이 없고 감정과 행동, 자기의식의 측면에서 불안정한 모습이 나타나는 것이죠. 이런 사람은 본인에게 가치를 느끼지 못하는 불안감을 갖고 있고, 공격성이 본인을 향해서 자포자기 성향이 강한 자기파괴 행동을 드러내기도 하며, 때로는 그공격성이 타인을 향하기도 합니다.

상대방을 이상화해서 전적으로 의존하거나, 뭔가를 계속해서 기대하거나, 마음에 든다고 했다가 갑자기 사람을 잘못 봤다느니 배신을 당했다느니 비난하고 깎아내리는 등 타인에 대한 평가가 극에서 극으로 치닫는 것도 자신감 이 없기 때문이라고 할 수 있습니다.

기분이 좋다가도 사소한 말 한마디에 불같이 화를 내는 등 극심한 감정 변화도 경계성 성격장애의 특징입니다. 얼 핏 보기에 보통 사람처럼 평범하게 일을 하고 잘 적응하는 것처럼 보여서 짧은 만남만 갖거나 친한 사이가 아닌 경우 에는 이런 행동의 심각한 문제점을 좀처럼 발견하기 어렵 기도 합니다. 그런데 가까워지면 '어딘가 좀 이상하다.'는 느낌이 드는 것이 이런 타입들의 특징이죠. 심하게 의존적 이거나 뭔가를 끊임없이 과도하게 요구하거나 상대방이 자기 뜻대로 되지 않으면 불같이 화를 내고 상대방을 무리 하게 조종하려고 속임수를 쓰기도 합니다.

이렇게 자기중심적인 성향이 강한 조작성 때문에 이들 은 긴밀한 인간관계를 유지하지 못합니다. 이런 인격적 장 애를 앓는 사람은 엮이면 피곤해지는 것은 물론, 자칫 잘 못하면 나쁜 방향으로 휘둘릴 수 있고, 내 인생이 꼬일 가 능성도 있으니 적당한 거리를 둬야 합니다.

5

'엮이면 피곤해지는 사람'이
되지 않으려면

어쩌면 나도…?

지금까지 '엮이면 피곤해지는 사람'의 유형과 그 이면에 숨겨진 심리 메커니즘에 대해서 살펴봤습니다. 어떤가요? 한 장 한 장 책장을 넘길 때마다 떠오르는 누군가가 있었나요?

'어머! 그 사람이 딱 이런 타입이네. 왜 저러나 싶었는데 이런 심리 때문이었구나!'

'하도 초 치는 말을 많이 해서 그렇게 매사 부정적이면 살기 피곤하지 않을까 했는데 무의식중에 하는 말들이었구나.'

이런 생각이 들지는 않았나요? 그 사람의 심리 상태와 사정을 알게 되니 조금이나마 그를 이해할 수 있게 되었을 수도 있겠습니다.

만약 그를 이해할 수 있게 된다면 그 사람 때문에 생기는 짜증과 불안, 초조함이 줄어들고 어느 정도 참을 만해질 수도 있을 것입니다. 그런데 여기서 다시 한번 명심해야 할 것이 있죠. 이 사람들은 일부러 그런 말을 하는 것도, 의식적으로 피곤하게 구는 것도 아니라는 점입니다. 본인도 모르는 사이에 주변 사람들에게 '엮이면 피곤해지는 사람'이 되어버린 것이지 대부분 그러려는 의도도, 자각도 전혀 없습니다. 그렇다면 이 글을 읽고 있는 당신은 또 섬뜩한 생각이 들지도 모르겠습니다. 어쩌면 나도…?

이번 장에서는 2장과 3장을 참고하여 여러분의 일상을 되돌아보려고 합니다. 주변 사람들이 보인 반응 중에 신경 쓰이는 것은 없었나요? 주변 사람을 짜증 나게 하거나 어이없게 만들었던 본인의 행동은 없었나요? 있었다면 그런 말이나 행동을 하게 된 본인의 심리 메커니즘은 무엇이었을까요?

이런 식으로 '엮이면 피곤해지는 사람'의 심리 메커니즘을 참고 삼아 본인을 되돌아보면 엮이면 피곤해지는 사람으로 취급받을 위험을 줄일 수 있습니다. 이미 그런 사람이 되어버렸나요? 이런 경우에는 개선을 위한 힌트를 찾을 수 있을 것입니다.

선배가 좋아하는 후배,
후배가 한심하게 여기는 선배

물론, 어떤 사람을 '엮이면 피곤해지는 사람'으로 생각하느냐는 각자의 입장과 가치관에 따라서 다릅니다. 경우에 따라서는 정반대일 수도 있으니까 주의가 필요하죠. 예를 들어, 선배가 내린 지시에 일일이 의문을 품고 "왜요?", "왜 이렇게 해야 해요?" 끊임없이 질문하는 후배는 선배에게 그다지 달갑지 않은 존재입니다. 마찬가지로 선배가 건넨 조언에 이런저런 핑계를 대며 따지는 후배도 선배 입장에선 달갑지 않은 존재죠. "저도 그렇게 하려고 했는데 옆팀 대리님 때문에…." 아주 귀찮고 피곤합니다. "잔말 말고 지시대로 움직여!", "핑계는 됐으니까 일단 수정해!"라고 말하고 싶을 겁니다. 반대로 자신의 지시에 충실히 따르고 조언을 바로바로 받아들이는 후배는 선배 입장에서 상대하기 편하기 때문에 예뻐할 수밖에 없습니다.

그런데 반전이 있습니다. 이렇게 말 잘 듣는 직원은 그 밑의 후배 입장에서 윗사람의 말에 무조건 복종하는 '한심한 선배'로 보일 수 있습니다. 반대로 실무를 모르고 자기주장만 펼치는 상사에게 해야 할 말은 꼭 하는, 즉 상사에게 달갑지 않은 피곤한 부하직원은 후배의 입장에서 아주 믿음직스러운 선배일 것입니다. 권력을 휘두르는 권위주의적인 상사에게 일일이 자기 의견을 제시하는 부하직원은 건방지고 피곤한 존재겠지만 말이죠. 물론, 업무 수행을 중요하게 생각하는 민주적인 상사에게 거침없이 의견을 제시하는 부하직원은 오히려 믿음직한 존재입니다.

만약 당신이 상사라면 부하직원의 입장에서 생각해보고, 당신이 부하직원이라면 상사의 입장에서 생각해봅시다. 이렇게 하면 스스로의 모습을 좀 더 효과적으로 되돌아볼 수 있을 것입니다.

어쩔 수 없이
그래야만 할 때도 있는 것이다

　제가 오랫동안 몸담아온 교육 현장에서도 학생들이 엮이면 피곤하다고 생각하는 선생님은 저마다 달랐습니다. 그런데 놀랍게도 학생들에게 최선을 다하지 않는 선생님들을 '좋은 선생님'이라고 생각하는 학생들이 많았습니다.

　"요즘 애들은 자기주장이 강해서 자기 뜻대로 되지 않으면 불만을 품고 인터넷에 비난 글을 올려요. 너무 피곤하고 힘듭니다. 차라리 훈육하지 않고 뭐든 하고 싶은 대로 하라고 내버려두는 게 최선이지 않을까 싶네요."라고 말하는 선생님이 있었죠. 학생에게 칭찬을 해주면 기분이 좋아서 한동안은 날 비난하지 않으니까 무조건 칭찬부터 하고 본다는 선생님도 있습니다. 과제를 내주면 싫은 티를 내고 나중에 수업 평가 점수를 짜게 줘서 요즘은 과제를 따로 내지 않고 수업에 출석하기만 해도 학점을 준다고 말하는 선생님도 있습니다.

세 경우 모두 학생을 올바르게 지도하고 육성하려는 마음은 전혀 없어 보입니다. 학생이 어떻게 되든 상관없다는 듯이 오로지 본인이 피곤하지 않기 위해, 비난받지 않기 위해 몸을 사리는 아주 이기적인 선생님들이죠. 될 대로 되라는 식의 무사 안일주의로 본인이 교육자라는 자각이 전혀 없어 보입니다. 무책임하고 학생을 위하는 마음이 전혀 없는 교사라고 할 수 있겠네요.

그러나 아이들 생각은 달랐습니다. 이런 선생님을 두고 대체로 이렇게 말하죠.

"저 선생님은 진짜 우리를 생각해 준다니까. 그래서 너무 좋아!"

이렇게 말하는 학생들을 보면 역시 진짜를 알아보기란 쉽지 않구나 하는 생각에 씁쓸해집니다.

내 그릇에 따라 달라지는 '엮이면 피곤해지는 사람'

물론, 입장과 능력이 다르면 보이는 것도 다를 수밖에 없습니다. 향상심과 능력이 있는 학생은 그저 자상하기만 한 선생님보다 자신에게 필요한 과제를 내주는 선생님을 선호할 것입니다. 또 최신 이론을 소개하거나 다양한 자료를 활용해서 알찬 내용으로 수업을 이끌어가는 선생님을 좋아하겠죠. 물론, 요즘에는 옛날처럼 학생을 엄하게 다루는 선생님을 아이들이 잘 따르지 않습니다. 그래서 엄마의 마음으로 성심껏 돌보고 아빠의 마음으로 단련시켜 나가야 한다는 말을 합니다. 이런 선생님에게 향상심 있는 학생들이 몰려들고, 이 학생들은 선생님의 기대에 부응하고자 열심히 노력하죠.

그런데 의욕도 없고, 능력도 부족한 학생은 이런 선생님을 귀찮게 생각하고 수업 내용이 다소 부실하더라도 뭐든지 너그럽게 봐주는 자상한 선생님을 선호합니다. 의욕이 없는 학생은 노력하지 않고도 쉽게 학점을 따는 것에만 관심이 있기 때문에 '비용 대비 효과'가 높은 수업이나 선생님, 다시 말해서 적당히 봐주고 넘어가는 선생님의 수업을 높이 평가합니다. 이들에게 과제를 내주거나 수업 시간이 '빡센' 선생님은 그저 짜증스러운 존재일 뿐입니다.

회사에서도 마찬가지입니다. 어떤 상사가 좋은 상사이고 어떤 상사가 피곤한 상사인지는 부하직원의 능력과 향상심, 가치관에 따라서 달라집니다. 예를 들어, 업무 성실도와 완성도에 집착하는 사람이 상사인 경우에는 '이걸로 괜찮을까?' 하는 노파심에 납품하려던 상품에 제동을 걸고 완성도를 좀 더 높이라는 수정 지시를 내릴 수도 있습니다. 이때 부하직원이 업무 성실도와 완성도에 집착하는 타입이라면 상사의 요구를 받아들이고 귀찮다는 생각 없이 완성도를 끌어올릴 것입니다. 그런데 업무 성실도와 완성도보다 일의 효율과 비용 대비 효과에 집착하는 부하직원이라면 다르겠죠. '이제 끝났다고 생각했는데, 왜 또?'라며 피곤해할 표정이 눈에 선합니다.

모든 일이 그렇습니다. 열심히 조언해주는 상대방을 피곤하게 여기고 본인의 방식을 좀처럼 수정하지 않는 사람은 발전할 수 없습니다. 물론, 어려운 과제가 많거나 끊임없이 완성도를 높이라는 지시도 힘든 것은 사실입니다. 그러나 대체로 성장하지 못하는 소인배가 이런 것들을 귀찮게 여기죠. 귀찮음이 성장을 방해하는 것입니다.

내가 엮이기 싫은 사람은
어떤 타입?

여기까지 읽고 나면 '그 사람, 참 피곤하다.'라고 느끼는 감정에는 본인의 가치관과 평상시 모습이 많이 반영된다는 사실을 알게 될 것입니다. 어쩌면 피곤하다고 느끼는 '그 사람'이 아니라 그렇게 생각하는 내가 문제일 수도 있다는 생각이 슬며시 들었을지도 모르겠네요. 지금부터는 주변의 '엮이면 피곤해지는 사람'을 떠올리면서 스스로의 모습도 되돌아보도록 합시다.

예를 들어, 이런저런 의견을 제시하는 부하직원을 피곤하다고 느끼는 사람은 권위주의적이라서 남의 의견에 귀를 기울이지 않는 타입일지도 모릅니다. 만약 그렇다면 주변 사람에게 신뢰를 얻기 힘들겠죠.

상사의 조언을 매번 피곤하다고 느끼는 사람은 향상심이 부족한 타입일 수도 있습니다. 아니면 열등감 콤플렉스가 강해서 본인의 실수나 부족한 능력을 솔직하게 인정하지 못하는 타입일 수도 있습니다. 두 타입 모두 이대로는 성장할 수 없겠죠.

때때로 본인의 생각과 다른 의견을 제시하는 사람에게 쉽게 짜증을 내는 사람이 있죠? 공감 능력이 부족하거나 다른 사람을 잘 이해하지 못하는 타입일지도 모릅니다. 그래서 본인이 절대적으로 옳다고 착각하는 경우가 많습니다. 이 상태로는 편견에 사로잡혀 새로운 관점을 받아들이지 못하고 인간관계가 편협해지는 것은 물론, 업무상 참신한 아이디어가 부족하거나 인간관계를 원만하게 가꾸지 못하는 등 한계에 부딪히기 쉽습니다.

머리가 좋은 사람들은 '왜 이것도 모르지?', '왜 이렇게 능률이 떨어지는 방법으로 일하지?' 하며 상대방의 부족한 이해력과 낮은 업무 능률에 짜증을 내는 일이 잦습니다.

본인보다 이해력이 나쁘거나 업무 능률이 떨어지는 사람도 열심히 일할 수 있게끔 잘 이끌어 함께 가야 하는데, 그렇지 못하니 팀플레이는 엉망이 되죠.

회의시간에 여러 질문을 던지는 사람을 보고 '그렇게 사소한 부분까지는 신경 쓰지 않아도 되는데!' 하며 짜증이 나거나 업무를 분배할 때 세세하게 주의 사항을 말해주는 선배를 보고 '쓸데없이 세심하네. 그런 건 별로 신경 안 써도 될 것 같은데!' 하며 짜증이 나는 경우는 급한 성격 탓에 신중함이 부족한 타입일지도 모릅니다. 이런 부분은 분명 개선이 필요합니다. 대충 넘어가려다가 미흡한 판단으로 큰 사고가 날 수도 있기 때문이죠.

이렇게 본인이 어떤 사람에게 쉽게 짜증을 내는지, 본인이 어떤 사람을 피곤하다고 느끼는지를 되돌아보면 자신의 가치관과 스타일을 알 수 있고, 그래서 개선점도 보일 것입니다.

자기 모니터링 성향을
확인하는 방법

앞서 3장에서도 이야기했지만 자기 모니터링 성향이 강한 사람은 본인이 남에게 어떻게 비춰지는지에 관심이 많아서 본인의 행동이 적절했는지에 대해서도 아주 많이 신경 씁니다. 그래서 타인의 감정 표출에 예민하고 이런 정보를 통해 본인의 행동을 모니터링하는 성향이 있습니다.

이렇게 자기 모니터링 성향이 강한 사람은 상황에 맞춰 본인의 행동을 유연하게 조정할 수 있습니다. 상황에 적합한 행동을 해서 사회 적응을 잘하기도 하지만 도가 지나치면 과도한 모니터링이 본인을 짓눌러 스트레스를 받게 되기도 합니다.

반대로 자기 모니터링 성향이 낮은 사람은 다른 사람이 자신을 어떻게 바라보든 무관심하고 본인의 행동이 상황에 적합한지에 대해 별로 관심이 없습니다. 본인의 행동을 잘 모니터링하지 않고 본인의 욕구에 따라서 가감 없이 행동하기 때문에 상황을 고려하지 않는 행동을 하기 쉽습니다. 그래서 아주 태연하게 상황에 맞지 않는 언행을 일삼죠.

자기제시를 잘하는 사람과 그렇지 못한 사람을 나누는 중요한 요인 중 하나가 바로 이 자기 모니터링 성향입니다. 자기 모니터링 성향은 타인의 언행이 갖는 의미를 해석하는 능력(해독 능력)과 본인의 언행을 조정하는 능력(자기 조정 능력), 이 2가지 측면을 통해 확인할 수 있습니다. 즉, 타인의 반응을 살피면서 본인의 언행이 적절한지를 파악하는 능력과 본인의 언행을 상황에 적합한 방향으로 조정하는 능력입니다.

심리학자 리처드 레녹스[Richard D. Lennox]와 레이몬드 울프[Raymond N. Wolfe]는 '타인의 표출 행동에 대한 감수성'과 '자기제시의 수정 능력'이라는 2가지 요소로 자기 모니터링 척도를 만들었습니다. 아래 항목 중 해당하는 것에 한번 체크해봅시다.

타인의 표출 행동에 대한 감수성

☐ 상대방의 눈을 보면 내가 부적절한 말을 했다는 사실을 대부분 알 수 있다.

☐ 타인의 감정과 의도를 파악할 때 내 직관이 잘 맞는다.

☐ 상대방이 거짓말을 했을 때 그 사람의 행동을 통해서 알아차릴 수 있다.

☐ 대화할 때 상대방의 사소한 표정 변화에도 민감하다.

자기제시의 수정 능력

☐ 그 자리가 나에게 어떤 행동을 요구하는지 알면 적절하게 행동할 수 있다.

☐ 어떤 상황에 처해도 그 상황이 요구하는 조건에 맞춰 행

동할 수 있다.

☐ 다양한 사람과 상황에 맞춰 행동을 바꾸는 데 어려움이
   없다.

☐ 상대방에게 어떤 인상을 주고 싶은지에 따라서 사귀는
   방법을 바꿀 수 있다.

어떤가요? 각각 3~4개 정도의 항목에 해당한다면 보통 수준의 능력을 갖추고 있다고 볼 수 있고 해당하는 항목이 거의 없다면 앞으로 대인 관계에서 자기 모니터링을 의식할 필요가 있습니다.

쉽게 짜증 내는 사람의 마음속엔
'이 문장'이 있다

매사에 불만이 많거나 잘 욱하고 짜증을 내는 사람이 있습니다. 이런 사람들은 주변 사람들을 불편하게 하고 눈치를 보게 만듭니다. 이렇게 되지 않으려면 어떻게 해야 할까요? 이럴 때는 인지 행동 요법을 활용해서 머릿속의 인지 요소를 바꾸는 것이 효과적입니다. '인지 요소'란 알기 쉽게 설명하면 '머릿속에 각인된 문장'과 같은 것입니다.

예를 들어, 이해력이 부족해서 일일이 구체적으로 설명해줘야 하는 부하직원에게 짜증이 나서 심한 말로 잔소리를 퍼붓는 경우에 이 상사의 머릿속에는 '하나부터 열까지

다 설명해주지 않아도 알아서 움직여야 한다.'는 문장이 각인되어 있을 가능성이 큽니다. 이 문장을 이렇게 바꿔보면 어떨까요?

'알아서 움직여주면 좋겠지만 업무에 익숙하지 않을 때는 무슨 일을 해야 할지 파악하기 힘든 법이다.'

'눈치가 빠르고 이해력이 좋은 사람이 이상적이지만 그만큼 열심히 하려는 태도도 중요하다.'

이렇게 하면 이해력이 부족한 부하직원에게도 짜증내지 않고 일을 원만하게 진행할 수 있습니다. 참신한 아이디어가 부족한 부하직원을 호되게 꾸짖는 경우에도 마찬가지죠. '일일이 말해주지 않아도 스스로 생각하고 연구해야 한다.'는 머릿속 문장을 이렇게 바꿔볼까요?

'일일이 말해주지 않아도 스스로 생각하고 연구할 수 있게 된다면 얼마나 믿음직스러울까?'

마음이 한결 편해져서 심하게 꾸짖지 않고도 원만하게 일을 진행할 수 있을 것입니다.

기대만큼의 성과를 내지 못하는 부하직원에게 짜증이 나서 화풀이를 하는 경우에도 마찬가지입니다. '부하직원은 성과를 내서 상사의 기대에 부응해야 한다.'는 문장이 머릿속에 각인되어 있기 때문에 쉽게 화가 나고 짜증이 나는 것입니다. 문장을 이렇게 바꿔봅시다.

'성과를 내지 못하는 부하직원은 골칫덩어리지만 본인도 그런 스스로가 미울 것이다.'

놀랍게도 기대만큼의 성과를 내지 못하는 부하직원을 보다 넓은 마음으로 너그럽게 대할 수 있을 것입니다.

머릿속에 각인된 '○○해야 한다.', '○○이어야 한다.'라는 문장을 '○○해주면 좋겠다(고맙겠다).', '○○해주면 좋겠지만 그렇지 않아도 어쩔 수 없다.', '모두 나름의 생각이 있고 삶의 방식이 있으니 존중해야 한다.'로 의식적으로 바꾸는 것이 요령입니다.

나를 나로서
받아들일 수 있다면…

　3장에서 설명했듯이 열등감 콤플렉스가 강한 사람은 쉽게 상처받고 사소한 일로 낙심하거나 적대적 귀인 편향이 활성화되어 공격적인 반응을 보이기 때문에 매우 조심스럽게 대해야 합니다.

　자, 이제 본인이 그런 사람은 아닐지 생각해봅시다. 본인이 그런 사람이 되지 않으려면 먼저, 본인의 약점이 열등감 콤플렉스를 만들지 못하도록 약점을 솔직하게 받아들여야 합니다.

　예를 들어, 서류 준비가 불충분하다는 지적을 받거나 고객을 응대하는 태도가 좋지 않다는 이야기를 들었다고 생각해봅시다. 입으로는 죄송하다고 사과를 하는데 얼굴에 불만스러운 표정이 여과 없이 드러나서 감정적으로 반발하고 있는 것이 빤히 보이는 것이죠. 이런 사람은 본인의 능력이 부족하고 스스로가 유능한 인재가 아니라는 점에 열등감 콤플렉스를 갖고 있는 것입니다. 이럴 때 본인이 부족하고 미숙하다는 것을 솔직하게 받아들인다면 부족한 업무 능력이나 미숙한 요령에 대한 지적에 귀를 기울이고 개선하려는 마음을 먹을 수 있을 겁니다.

반대 경우도 있죠. 부하직원이 상사인 본인과 한마디 상의도 없이 혼자 일을 처리한 것에 대해서 기분 나쁘게 생각하고 트집을 잡거나, 부하직원이 보고와 연락, 질문이 없다며 불편한 기색을 드러내는 상사도 솔직히 피곤하긴 매한가지입니다. 이런 경우는 본인의 능력에 자신이 없거나, 부하직원이 본인을 믿음직한 상사로 여기지 않고 얕잡아 본다는 생각이 열등감 콤플렉스를 만든 것입니다. 마찬가지로 본인의 약점을 있는 그대로 받아들일 수 있다면 부하직원이 설령 보고와 연락, 질문을 수시로 하지 않더라도 화내지 않고 느긋한 마음으로 리더십을 발휘할 수 있을 겁니다.

좀 더 디테일하게 들어가볼까요? 자신의 운동 신경이 둔하다는 열등감 콤플렉스를 갖고 있는 사람은 다른 사람과 즐겁게 이야기를 나누다가도 스포츠가 주제로 떠오르면 불편한 심기를 드러내거나 갑자기 무관심한 태도를 보입니다. 심한 경우에는 거론되고 있는 스포츠 선수를 비난하면서 분위기를 망치기까지 합니다. 반면에 운동 신경이 둔한 본인을 있는 그대로 받아들이는 사람은 본인의 둔한 운동 신경을 농담거리로 꺼내기도 합니다.

"난 운동 신경이 너무 없어서 큰일이야. 지난번에 축구공을 차다가 힘차게 헛발질을 해서 뒤로 자빠졌어."

비만이 열등감 콤플렉스인 사람도 마찬가지죠. 이들은 체형과 관련된 이야기가 나오면 날카로워져서 주변 사람들은 그 사람 앞에서 절대로 체형에 관한 이야기를 하지 않으려고 애를 씁니다. 반면에 본인의 모습을 있는 그대로 받아들이는 사람은 자신의 이야기로 남을 웃기기까지 합니다.

"출장 갈 때 비행기 좌석은 웬만하면 비즈니스석을 끊어 줬으면 좋겠어. 이코노미석은 자리가 비좁아서 엉덩이가 끼더라고. 내릴 때 엉덩이가 끼어서 일어나려면 얼마나 힘든지 몰라."

이것은 자신을 비하하는 것이 절대 아닙니다. 내가 내 약점이라고 여기는 부분을 알고 받아들였고, 그것마저 '나'임을 인정했기 때문에 보일 수 있는 당당한 태도인 것이죠.

'엮이면 피곤해지는 사람'이
되어야 할 때

지금까지 우리는 '엮이면 피곤해지는 사람들'의 특징과 그 이면에 숨겨진 심리 메커니즘을 알아보고, 그런 사람을 상대하는 방법과 본인이 그런 사람이 되지 않으려면 어떤 마음가짐을 가져야 하는지에 대해서 살펴봤습니다. 그런데 여기서 꼭 알아둬야 할 것이 하나 있습니다. '엮이면 피곤해지는 사람'이라는 분류에는 본인만의 특별한 고집이 있는 사람도 포함된다는 것입니다.

예를 들어 이런 경우입니다. 다음 상황을 함께 봅시다. 사내 전략 회의에서 이윤 추구를 위해서는 거래처 일부와 거래를 끊을 수밖에 없다는 의견이 제시되었습니다. 만장일치로 결정하려는 순간, 갑자기 반론이 제기됩니다.

"지금까지 쌓아온 신뢰 관계를 무너뜨리는 일인데, 이대로 괜찮을까요? 우리가 위기에 봉착했을 때 도움을 줬던 거래처이기도 합니다."

이런 의견에 대해 제안자는 짜증스럽게 반응합니다.

"거래처와의 신뢰 관계 운운하시는데 이러다가 다 같이 수렁에 빠질 수도 있습니다. 그래도 괜찮습니까? 우리도 영리를 추구하는 기업입니다. 이익을 내지 못하는 거래처와 거래를 끊는 것은 당연한 일입니다. 괜히 정 때문에 모든 걸 망치면 어쩔 겁니까?"

이의를 제기한 사람도 물러설 수 없다는 듯이 강력하게 반론합니다.

"그런 식으로 하다가는 다른 거래처까지 등을 돌릴 수도 있습니다. 그럼 우리는 자기 꾀에 자기가 넘어가서 망하는 꼴이 되는 겁니다. 이윤을 위해서라면 배신도 불사하겠다는 생각은 잘못된 생각인 것 같습니다만…."

제안자의 입장에서 볼까요? 대세에 따라 그냥 수긍해주

면 좋으련만 끈질기게 이의를 제기하는 사람은 당연히 상대하기 귀찮고 피곤한 존재입니다. 그러나 이의를 제기한 사람의 주장도 틀린 것은 아닙니다. 오히려 꼭 고려해봐야 하는 마땅한 주장이죠.

모두가 '좋은 사람'일 때 발생하는 최악의 문제들

사람은 저마다 본인이 옳다고 믿는 신념과 이치가 있기 때문에 어느 쪽이 맞다고 쉽게 결론 내리기는 어렵습니다. 하지만 바보 같은 주장이 큰 고민 없이 받아들여지는 일을 막기 위해서는 다양한 시선에서 철저하게 검토해볼 필요가 있죠. 세상 밖으로 드러나는 다양한 기업 비리와 사건 사고들도 무언의 동조 압력에 떠밀려서 다양한 논의를 거치지 않았기 때문에 발생한다고 생각합니다.

이런 위험을 막기 위해 자진해서 '엮이면 피곤해지는 사람'이 되어야 할 때도 있다는 것입니다. 본인이 귀찮고 피곤한 존재가 되어서 의문점을 끈질기게 파헤치고 의견을 제시해야 할 때도 있는 것이죠. 얼핏 보기에 이윤 추구와 거리가 멀고, 무난하게 운영되는 것 같은 교육 현장에도 이런 존재가 필요하다는 생각이 자주 듭니다.

취직이 확정된 학생을 졸업시키지 않는 것은 가혹한 짓이고, 기업에 나쁜 평가를 받을 수도 있으니 최소한의 학점을 주자는 의견이 제기됐을 때 '점수가 아주 낮은 학생까지 60점 이상으로 올려서 학점을 주는 것은 교육적이지 못하다.'며 반대하는 귀찮은 교사가 있어서 곤란했다는 이야기를 들은 적이 있습니다.

점수가 낮은 학생에게 학점을 주지 않으면 졸업하기 힘든 대학이라는 나쁜 소문이 돌아서 지원하는 학생이 줄어드니 아무리 낮은 점수라도 최소한의 학점을 주자는 방침에 대해서 '교육자로서의 사명감을 저버리는 행위'라며 정론을 내세우는 귀찮은 교사가 있어서 곤란했다는 이야기도 들은 적이 있습니다.

학생은 수업료를 내는 사람, 그러니까 고객이나 마찬가지니 수업료를 대신해서 학점을 받는 것은 당연한 일이 아니냐는 경영인의 주장에 거부감을 느낀 일부 교사가 '교육기관이 그런 사고방식을 갖고 있는 것 자체가 이상하다.'라며 반론을 제기한 적도 있죠. 물론, 경영인 입장에서는 이런 교육자들이 단순히 '엮이면 피곤해지는 사람'이었을 수 있겠네요.

물론, 본인의 고집을 버리면 좋은 평가를 받을 수도 있습니다. 그러나 진심으로 조직을 생각한다면 고집을 부릴 필요가 있을 때도 있죠. 본인의 직업적 사명과 가치관으로 비춰봤을 때 뒤로 물러설 수 없는 선을 지키고 고집을 부려야 할 때도 있습니다.

남이 원하는 대로 해주느라 본인의 의견과 의문점을 봉인한 채 '껄끄러운 자리만 어떻게든 모면하면 된다.'는 식으로 살아서는 결코 유능한 일꾼이 될 수 없고, 무엇보다 본인이 납득할 수 있는 인생을 살 수 없습니다. 다만, 지나치게 고집만 부리다가 조직에서 배제되어 신세를 망칠 수도 있기 때문에 어떤 일에 대해서 어디까지 고집을 부릴 것인지 신중하게 판단해야 하겠죠. 매사에 피곤하고 귀찮은 사람에게 관용적인 조직은 없습니다.

그리고 마지막으로, 본인의 고집이 의미 있는 것인지 명확하게 짚어볼 필요도 있습니다. 어쩌면 그것이 독불장군식의 정의감에 불타는 극단적 주장일 수도 있습니다. 그렇게 되지 않으려면 평소에 신뢰할 수 있는 사람과 의견을 나누는 대화 시간을 갖는 것이 중요합니다. 남의 의견에 귀를 기울임으로써 본인의 생각을 확인할 수 있는 것이죠. 그렇게 하면 의미 있는 고집과 의미 없는 고집을 조금이나마 구별할 수 있고 진정한 의미의 '엮이면 피곤해지는 사람'이 되지 않을 수 있을 것입니다.

나를 피곤하게 하는 사람은
하루아침에 사라지지 않는다

누군가를 만나고 인간관계를 원만하게 맺는 일은 살면서 참 중요한 일입니다. 예전에 "심리학자시니 인간관계로 고민하거나 힘든 적이 없으실 것 같아요."라는 말을 들은 적이 있습니다. 말도 안 되는 오해죠. 심리학 분야에서 일하는 사람이라면 잘 알겠지만 심리학자 중에는 인간관계에 서툰 사람, 사회적 부적응자가 압도적으로 많습니다. 단언컨대, 이런 사람들 중에는 참 괴짜가 많습니다. 왜 그럴까요? 아마도 심리 법칙에 관심이 많기 때문이 아닐까요?

인간관계로 인한 당혹스러운 일이 없다면, 심리 법칙을 알고 싶다는 생각은 하지 않을 것입니다. 오히려 다른 곳에 관심을 갖겠죠. 사람을 사귀기 힘들거나 사회에 적응하는 데에 서툴 때, 어떻게 하면 다른 사람과 원만하게 지낼 수 있을까, 본인에게 어떤 문제가 있는 것은 아닐까 하는 걱정이 앞설 때, 상대방과 본인을 움직이는 심리 법칙이 알고 싶어지는 법입니다.

최근 대중들로부터 심리학에 관심이 높아지고 있는데 이는 인간관계가 점점 더 어려운 시대가 되었음을 알리는 반증일지도 모릅니다. 사실 학생들이 제출한 보고서만 읽어보아도, '일상에서 인간관계에 신경을 쓰다 보니 너무 피곤하다.'라는 내용이 상당히 많습니다. 다른 주제에 별 관심이 없던 학생들도 인간관계로 지친 심리를 주제로 수업을 진행할 때는 집중력을 발휘해서 열심히 듣기도 하고요.

젊은 사원들과 이야기를 나눠보면 사내에 어떻게 대하면 좋을지 애매한 사람이 있어서 곤란하다는 화제가 빠지지 않습니다.

타인과 함께 살아가는 우리 인간에게 누군가와 만나고 사귀는 행위는 기쁨과 치유를 가져다주는 동시에 가장 큰 스트레스의 원인이기도 하다는 이야기일 겁니다.

이런 생각을 하고 있던 차에 일본경제신문출판사의 편집자 한 분께서 이런 말씀을 하셨습니다.

"선생님, 어딜 가나 '좀 성가신 사람'이 있지 않나요? 전 진짜 이런 사람들 때문에 너무 피곤해요. 그러니까…. 뭔가 나쁜 사람이라고 할 순 없는데 엮이면 괜히 피곤해지고 귀찮은 사람이요. 혹시 그런 사람에 대한 책을 한번 써보시는 건 어떠세요?"

편집자의 경험에서 우러난 한탄 섞인 질문으로부터 이 책은 시작된 셈입니다.

실제로 어딜 가나 엮이면 피곤하고 성가신 사람은 존재합니다. 이제껏 살아온 내 인생을 되돌아봐도 구체적으로 떠오르는 몇몇이 있습니다. 나 또한 사람을 사귀는 데에 애를 먹었던 적이 있고, 인간관계로 고민하는 사람들의 상담을 진행하면서 인간을 움직이는 심리 법칙을 탐구한 사람으로서 '엮이면 피곤해지는 사람들'의 심리 법칙을 널리 알리고 서로가 공존할 수 있는 방법을 찾는 힌트를 제공할 수 있으면 좋겠다는 생각이 들었습니다. 그리고 그랬으면 하는 바람에서 이 책을 썼습니다.

이 책을 읽었다고 해서 하루아침에 주변의 '피곤한 사람'들이 싸악 사라지거나, 아무도 나를 피곤하게 하지 않는다거나 하는 일은 벌어지지 않을 것입니다. 다만, '그동안 피곤하게 느껴졌던 주변 사람들의 심리를 이해할 수 있어서 짜증이 줄고 관용적일 수 있게 되었다.'든가 '내가 어떤 사람을 피곤하게 여기는지 명확히 인식함으로써 오히려 나의 약점과 편견이 무엇인지를 알 수 있었다.' 등의 반응이 나온다면 더 큰 바람은 없을 것입니다.

에노모토 히로아키

엮이면 피곤해지는 사람들

2021년 8월 25일 1쇄 발행

지은이 에노모토 히로아키 **옮긴이** 이지현
펴낸이 김상현, 최세현 **경영고문** 박시형

책임편집 조아라, 백지윤 **디자인** 임동렬
마케팅 양봉호, 양근모, 권금숙, 임지윤, 이주형, 신하은, 유미정
디지털콘텐츠 김명래 **경영지원** 김현우, 문경국
해외기획 우정민, 배혜림
펴낸곳 (주)쌤앤파커스 **출판신고** 2006년 9월 25일 제406-2006-000210호
주소 서울시 마포구 월드컵북로 396 누리꿈스퀘어 비즈니스타워 18층
전화 02-6712-9800 **팩스** 02-6712-9810 **이메일** info@smpk.kr

ⓒ 에노모토 히로아키(저작권자와 맺은 특약에 따라 검인을 생략합니다)
ISBN 979-11-6534-393-4 (03320)

쌤앤파커스(Sam&Parkers)는 독자 여러분의 책에 관한 아이디어와 원고 투고를 설레는 마음으로 기다리고 있습니다. 책으로 엮기를 원하는 아이디어가 있으신 분은 이메일 book@smpk.kr로 간단한 개요와 취지, 연락처 등을 보내주세요. 머뭇거리지 말고 문을 두드리세요. 길이 열립니다.